Jo Angerer
WENN WIDERSTAND WEIBLICH IST

JO ANGERER

WENN WIDERSTAND WEIBLICH IST

Die Revolution der Frauen
in den postsowjetischen Staaten

Mit Kommentaren von
Dr. habil. Carmen Scheide

GOLDMANN

Dieses Sachbuch beruht auf Erlebnissen, umfassenden Recherchen und Aufzeichnungen. Der Autor gibt hier seine Sicht wieder, die keinen Anspruch auf Vollständigkeit hat. Alle Informationen und Angaben in diesem Buch wurden von Autor und Verlag sorgfältig erwogen und geprüft.

Sollte diese Publikation Links auf Webseiten Dritter enthalten, so übernehmen wir für deren Inhalte keine Haftung, da wir uns diese nicht zu eigen machen, sondern lediglich auf deren Stand zum Zeitpunkt der Erstveröffentlichung verweisen.

Penguin Random House Verlagsgruppe FSC® N001967

1. Auflage
Originalausgabe Oktober 2022
Copyright © 2022 by Wilhelm Goldmann Verlag, München,
ein Unternehmen der Penguin Random House Verlagsgruppe GmbH
Neumarkter Straße 28, 81673 München
Copyright © 2022 by Jo Angerer
Umschlaggestaltung: UNO Werbeagentur, München,
unter Verwendung eines Fotos von © FinePic®
Redaktion: Volker Kühn
MP · Herstellung: CF
Satz: Buch-Werkstatt GmbH, Bad Aibling
Druck und Bindung: GGP Media GmbH, Pößneck
Printed in Germany
ISBN 978-3-442-31668-7

www.goldmann-verlag.de

Für Erika,
ohne die alles in meinem Leben nicht wäre,
auch nicht dieses Buch.

INHALT

Vorwort 9

Einleitung 13

KAPITEL 1 Russland –
Frauen begehren auf gegen Putins Krieg 21
  KOMMENTAR *Frauen und Krieg* 40

KAPITEL 2 Von der Sowjetunion nach Russland –
Gleichberechtigung? Ja, aber! 43
  KOMMENTAR *Frauenbewegungen, Feminismus*
  und Emanzipation 58

KAPITEL 3 Sowjetunion – Natalia Myurisep,
eine Frau aus der Elite erzählt 61

KAPITEL 4 Russland – Kampf gegen die Windmühlen
der Bürokratie 69
  KOMMENTAR *Zivilgesellschaft und autoritäre Staaten* . . . 81

KAPITEL 5 Belarus – Revolution in Rot-Weiß 85

KAPITEL 6 Belarus – Drei Frauen: zwei im Exil,
eine im Gefängnis 105

KAPITEL 7 Belarus – Nina Baginskaja, die Babuschka
der Revolution 119
 *KOMMENTAR Internationale Konventionen
zum Schutz von Frauen* 131

KAPITEL 8 Aserbaidschan und Zentralasien –
Ausbruch aus patriarchalen Strukturen 133
 KOMMENTAR Krieg und Feminismus 154

KAPITEL 9 Ukraine – Frauen kämpfen gegen den Krieg . . 157

Zusammenfassung und Ausblick 181

VORWORT

»Was, ihr seid immer noch dort«, fragen manchmal Freunde aus Deutschland. »In diesem Land?« »Ja«, antworte ich, meine Frau und ich leben nach wie vor in Moskau, einer Stadt, die uns ans Herz gewachsen ist. Ich arbeite hier als Korrespondent, berichte aus dem postsowjetischen Raum, eine Region, die die Länder der ehemaligen Sowjetunion umfasst. Sie reicht vom Rand der EU bis hin zur chinesischen Grenze.

»Was«, fragen manche dann weiter, »du schreibst als Mann ein Buch über weiblichen Widerstand? Ist das nicht vermessen?« Es mag Menschen geben, die das so sehen. Ich zähle nicht dazu. Ich bin Journalist, es ist meine Aufgabe, wahre Geschichten zu erzählen, spannende Schicksale zu entdecken, relevante Entwicklungen aufzuzeigen. Bei meiner Arbeit in den Ländern des früheren Ostblocks habe ich viele starke Frauen kennengelernt. Ich habe über ihren mutigen Kampf für Menschenrechte, für Demokratie und Meinungsfreiheit berichtet, oft genug auch über ihren Kampf ums nackte Überleben. Dass ich als Mann über Frauen schreibe, ist dabei zweitrangig. Was zählt, ist, dass die Geschichten wahr sind – und darum habe ich mich nach bestem Wissen und Gewissen bemüht.

Mein Buch ist ein Lesebuch, hat keinen wissenschaftlichen

Anspruch und wird sicherlich auch nicht allen Aspekten des weiblichen Widerstands im postsowjetischen Raum gerecht. Es sind Eindrücke und Erkenntnisse, die ich auf vielen Reisen und im alltäglichen Leben in Moskau gewonnen habe. Vieles davon habe ich in meinen Reportagen verarbeitet.

Eines ist mir bei der Arbeit an diesem Buch klar geworden: Das Private, das Persönliche ist politisch. Eigentlich eine alte Feststellung der Frauenbewegung. Aber gerade im postsowjetischen Raum, den Ländern der zerfallenen Sowjetunion, ist sie so aktuell wie nie zuvor.

Ich hoffe einfach, dass trotz des Russland-Ukraine-Krieges, trotz der neuen Eiszeit im Ost-West-Verhältnis das Interesse an diesem Land und seinen wundervollen Menschen nicht erlischt. Vor allem die starken, mutigen Frauen im postsowjetischen Raum sind es wert!

An diesem Buch haben viele mitgewirkt. Danken möchte ich zuallererst meiner Frau Erika, die mich über die Entstehungszeit dieses Buchprojekts hinweg sehr kritisch und wohlwollend begleitet hat. Sie hat meine Entwürfe gegengelesen und sie mir zuweilen um die Ohren geschlagen. Meinem Freund Ulf Mauder, langjähriger Korrespondent in Moskau, mit seinem unermesslichen Erfahrungsschatz an russischer Kultur und Politik. Meinem Freund und Mitarbeiter Alexandr Khavanov, der viele Recherchen und Lebenserfahrungen beigetragen hat. Meiner Freundin Natalia Myurisep für viele Diskussionen und ihre Offenheit, ihre Geschichte hier zu erzählen.

Danken möchte ich auch Dr. habil. Carmen Scheide, sie ist Dozentin für die Geschichte Osteuropas an der Universität Bern. Carmen Scheide hat dieses Buch mit wertvollen wissenschaftlichen Einschätzungen und Kommentaren ergänzt.

Und nicht zuletzt danke ich Volker Kühn, meinem Redakteur, mit dem ich äußerst produktiv um viele Formulierungen gerungen habe. Und Imke Rösing, meiner Literaturagentin, und Dr. Marion Preuß, meiner Lektorin, die dieses Buch möglich gemacht haben.

EINLEITUNG

Der 24. Februar 2022 hat alles verändert: die Welt, das Ost-West-Verhältnis, die Ukraine und auch Russland natürlich, mich persönlich, meine Lebensumstände – und dieses Buch: Krieg. Noch kurz zuvor hatte ich als Fernsehkorrespondent in Moskau in einer ARD-Liveschalte nach Deutschland verkündet: Der russische Truppenaufmarsch an der ukrainischen Grenze sei eine Drohkulisse, Putin wolle testen, wie weit er bei den neuen Regierungen in den USA und Deutschland gehen kann. Aber Krieg? Niemals. Wie habe ich mich getäuscht, wie haben wir uns fast alle getäuscht.

Mit meiner Frau Erika Haas, einer ausgewiesenen feministischen Wissenschaftlerin, promovierten Ungleichheitsforscherin, Beraterin, Autorin und Journalistin, lebe ich in einer Ausländer-Wohnanlage im Zentrum Moskaus. Nur noch wenige Europäer leben hier; seit Kriegsbeginn haben sich viele westliche Konzerne aus Russland zurückgezogen, die Manager verlassen das Land. Quer über den Hof ist das ARD-Studio, in dem ich bis Ende Januar 2022 als fest angestellter Korrespondent gearbeitet habe. Seitdem bin ich für die ARD freiberuflich tätig und arbeite als Korrespondent für die österreichische Zeitung *DER STANDARD*.

Ich komme oft an der örtlichen Filiale der Fast-Food-Kette »Lecker und Punkt« vorbei. Bis vor Kurzem war es die Filiale von McDonald's. Auch dieser Konzern hat Russland verlassen. Ein russischer Investor hat landesweit 850 Filialen übernommen und bietet nun unter neuem Namen die gleiche Speisekarte an. Es sind dieselben Restaurants, dieselben Lieferanten, dasselbe Personal und dieselben Fritteusen. Nur verdient jetzt nicht mehr ein US-Konzern, sondern ein russischer Unternehmer.

»Lecker und Punkt« ist ein Sinnbild dafür, wie wenig sinnvoll die Sanktionspakete des Westens nach Kriegsbeginn in der Ukraine waren und sind. Russland hat Öl und Gas im Überfluss, Rohstoffe, landwirtschaftliche Produkte und gute Kontakte nach China. Wen sollen Sanktionen also schrecken? Produkte aus dem Westen sind sehr teuer geworden, ansonsten aber gibt es in den Supermärkten alles, auch wenn die Preise gestiegen sind. Gas und Strom dagegen sind weiterhin billig. So zahlt eine Kollegin für ihre sechsköpfige Familie in Moskau für Heizung, Strom, Gas, Wasser und die Müllabfuhr nur rund 150 Euro im Monat an Nebenkosten.

Die Russinnen und Russen leiden nur wenig unter den Sanktionen. Die Vorstellungen vieler von einer Versorgungskrise, Volksaufständen, der Vertreibung Putins aus dem Amt dank der Sanktionen – absurd. Für uns Ausländer allerdings ist das Leben komplizierter geworden. Das betrifft nicht nur den Kampf um die Akkreditierung, die Arbeitsgenehmigung für Russland als Korrespondent. Unsere Kreditkarten funktionieren nicht mehr. Von unseren Reisen ins Ausland bringen wir Euro in bar mit, die wir dann in dunklen Wechselstuben umtauschen. Ich hätte nicht gedacht, dass mir dergleichen passieren würde, wo ich doch für die Abschaffung von Bargeld war.

Vor dem Krieg war es einfacher. Im August 2020 sollte ich für die ARD nach Belarus fahren. Die von Amtsinhaber Alexander Lukaschenko absurd manipulierte Präsidentenwahl und die Proteste dagegen waren natürlich ein wichtiges Thema für Tagesschau, Tagesthemen, Weltspiegel und Europamagazin. Warum gerade ich und keine andere Korrespondentin, kein anderer Korrespondent aus dem ARD-Studio? Die Antwort ist banal: Weil ich der Einzige war, der damals eine Akkreditierung für Belarus besaß.

Aus dem für zwei Wochen geplanten Aufenthalt in Minsk wurden fast drei Monate. Ich habe schnell begriffen, dass der Widerstand, der Protest gegen ein altes, verkrustetes System ganz entscheidend von Frauen getragen und gestaltet wurde. Sie setzten fantasievolle Aktionen dagegen. Immer neue Bevölkerungsgruppen schlossen sich an, schließlich marschierten Hunderttausende über die Straßen von Minsk.

Die Demonstrantinnen verstanden sich als Patriotinnen. Voller Heimatliebe, voller Sehnsucht nach einem Leben in Freiheit und Demokratie. Die rot-weiß-rote Fahne auf ihren Demonstrationen in Minsk ist eigentlich ein nationalistisches Symbol. Doch die Frauen in Belarus haben damit kein Problem.

Um das zu verstehen, hilft ein Blick in die Geschichte. Die Sowjetunion hätte eigentlich ein Paradies für Frauen sein müssen. Auf dem Papier herrschte vollständige Gleichberechtigung, Frauen hatten Zugang zu Bildung, es gab kaum Einschränkungen in der Berufswahl, die Kinderbetreuung war staatlich organisiert.

Die Wirklichkeit sah indes anders aus. Natürlich konnten Frauen arbeiten, sie mussten sogar. Das bedeutete allerdings nicht, dass ihnen die Kinder und die Familie vollständig abgenommen worden wären. Die Arbeit im Haushalt blieb trotzdem an ihnen hängen. Für ein Engagement in den verschiedenen Parteigliederungen blieb keine Zeit und damit auch nicht für politische Teilhabe. Das galt insbesondere in der Stalinzeit, die das Ideal der Frau als Mutter pries. Arbeiten mussten die Frauen aber trotzdem – eine Doppelbelastung, über die stillschweigend hinweggesehen wurde. Einigen Frauen in der Sowjetunion gelangen zumindest mittelprächtige Karrieren, doch ins Politbüro, das Gremium, das über alles entschied, schaffte es in all den Jahrzehnten nicht eine einzige Frau.

Dann zerfiel die Sowjetunion. Sie zerbrach unter der Last gigantischer Rüstungsausgaben und einem Wirtschaftssystem, dessen mangelnde Produktivität in den chronisch leeren Regalen der Geschäfte für jeden sichtbar war. Die greisen grauen Männer im Politbüro hatten dem nichts entgegenzusetzen, im Gegenteil, sie beschleunigten den Niedergang durch katastrophale Fehlentscheidungen. Der Einmarsch in Afghanistan 1979 geriet zu einem Fiasko, das sich bis 1989 hinzog. Der Super-GAU im Atomkraftwerk Tschernobyl 1986 ließ sich nicht wie gewohnt vertuschen. Er wurde zum Symbol für alles, was schieflief in diesem Riesenreich, für verkrustetes Obrigkeitsdenken, Verantwortungslosigkeit und schließlich für das Versagen des gesamten kommunistischen Systems. Als im Dezember 1991 Michael Gorbatschow zurücktrat, war die Sowjetunion Geschichte.

Unsere gute Freundin Natalia Myurisep hat die letzten Jahre der Sowjetunion miterlebt. Wir haben darüber viel diskutiert, ihre Geschichte findet sich in diesem Buch. Sie stammt aus einer Diplomatenfamilie, also aus der Elite, studierte in Moskau und wollte selbst Diplomatin werden. Geschafft hat sie es nicht, wohl auch deshalb, weil sie eine Frau ist. Natalia Myurisep hat den gescheiterten Augustputsch am 19. August 1991 gegen Gorbatschow miterlebt, sie sah die Panzerkolonnen auf die Moskauer Innenstadt zurollen. Am 31. Dezember 1999 hörte sie auf einer Silvesterparty im Fernsehen die Rücktrittsrede des müden, trunksüchtigen russischen Präsidenten Boris Jelzin. Alle tanzten, alle lachten, waren froh, dass Jelzin weg war. Seinen Nachfolger kannte niemand in der Runde. Es war ein junger Mann mit Namen Wladimir Putin.

Die Neunzigerjahre waren ein Jahrzehnt des Turbokapitalismus in Russland, auch »Raubtierkapitalismus« genannt. Die sowjetischen Normen waren über Nacht zusammengebrochen. Aus Funktionären wurden Unternehmer, aus Unternehmern Oligarchen. Unermesslicher Reichtum traf auf unermessliche Armut. Frauen ernährten ihre Familien mit Gemüse von der Datscha. Männer verdienten Geld, das nichts wert war. Es gab Schießereien auf den Straßen und Bombenattentate. Allein 1994 wurden mehr als 600 Unternehmer, Politiker und Journalisten ermordet. Allerdings waren die Neunziger auch eine Zeit des Aufbruchs mit Gedankenfreiheit, einer echten Opposition und kulturellen Experimenten. In den Metropolen entwickelte sich eine urbane Kultur, es gab Cafés, Klubs, Kunstaktionen.

Das Geschlechterbild aus Sowjetzeiten aber blieb: Ein Mann ist ein ganzer Mann, wenn er reich und mächtig ist. Und eine Frau ist eine echte Frau, wenn sie einen reichen und mächtigen Mann heiratet. Entsprechende Frauenratgeber nach dem Motto »Wie mache ich mehr aus meinem Typ?« füllten ganze Regale in den Buchhandlungen.

Zugleich jedoch wächst der Widerstand der Frauen gegen dieses überkommene Rollenverständnis im heutigen Russland. Pussy Riot, die schrille, feministische Punkband, ist ein gutes

Beispiel dafür. Sie macht Politik durch Provokation. Der Machtapparat hat sie ins Ausland vertrieben, doch die Frauen von
Pussy Riot schreien weiterhin gegen Ungerechtigkeit in Russland an. Und sehnen sich nach einer Rückkehr in die Heimat.

Auch in der Oppositionsbewegung rund um den Kreml-
Kritiker Alexej Nawalny spielten Frauen eine Rolle, wenngleich
keine herausragende. Deutlich sichtbarer sind sie im Widerstand
gegen den Krieg in der Ukraine. Ihre Aktionen sind gewagt und
erfordern viel Mut. Im Netz gibt es ein Manifest: »Die feministische Bewegung in Russland kämpft für benachteiligte Gruppen und die Entwicklung einer gerechten, gleichberechtigten
Gesellschaft, in der Gewalt und militärische Konflikte keinen
Platz haben dürfen.« Und in der Provinz, etwa in Dagestan am
Rande der Russischen Föderation, machen Frauen das Schicksal ihrer Söhne und Freunde öffentlich. Sie beklagen die jungen
Männer, die als Soldaten im Krieg in der Ukraine sterben, ohne
dass ihnen jemand gesagt hätte, für wen und für was sie überhaupt in diesen Krieg gezogen sind.

In der Ukraine haben viele Frauen auf dem Kiewer Maidan-
Platz für Freiheit, Menschenrechte und Demokratie gestritten.
Die »Revolution der Würde« brachte auch die Sache der Frauen
voran. Einige der damals geforderten Reformen sind gelungen.
Dazu zählt die Streichung von Berufsverboten für Frauen aus
der Arbeitsgesetzgebung. Andere Hoffnungen haben sich bislang nicht erfüllt, etwa die Bekämpfung häuslicher Gewalt. Der
Krieg wirft die Frauen nun wieder zurück, er bedeutet die Rückkehr zum alten Geschlechterbild. Männer schießen, Frauen
pflegen und versorgen. Oder sie verlassen das Land mit ihren
Kindern als Geflüchtete, was Männern im wehrpflichtigen Alter
verwehrt ist.

Während der Krieg in der Ukraine die Schlagzeilen füllt, bleiben die Länder am östlichen Rand der ehemaligen Sowjetunion meist unbeachtet. Wer würde Kirgistan auf Anhieb im Atlas finden, wer könnte sagen, wie es den Frauen in Aserbaidschan geht? Es sind Länder, die von Traditionen und uralten, patriarchalen Strukturen geprägt sind. Oftmals geht es für die Frauen hier ums nackte Überleben. Sie werden verprügelt und vergewaltigt vom eigenen Ehemann. Für die Behörden gilt das als Kavaliersdelikt. Frauen werden entführt und in Ehen gezwungen. Hier bedeutet Widerstand etwas ganz anderes als im europäischen Teil der zerfallenen Sowjetunion. Mutige Aktivistinnen kämpfen um elementare Menschenrechte. Um Gesetze, die Vergewaltigung in der Ehe wirklich zur Straftat machen. Und um Geld, zum Beispiel für Frauenhäuser. Auch davon wird in diesem Buch die Rede sein.

Eines jedoch eint die Frauen im postsowjetischen Raum. Sie sind leidensfähig, hin- und hergerissen zwischen Tradition und Moderne, zwischen traditioneller Frauenrolle und eigenständigen Lebensentwürfen. In vielen gärt es. Sie wollen sich nicht in eine Rolle zwängen lassen, wie sie Stalin für sie vorgesehen hatte. Es ist eine Frage der Zeit, bis mehr und mehr von ihnen das Leben selbst in die Hand nehmen. Und dann wird es schwierig für Obrigkeiten, die auf männerorientierten Strukturen aufbauen.

»Poechali!«, auf geht's, rief Juri Gagarin, der erste Mensch, der ins Weltall flog.

Вперёд, женщины! Los geht's, Frauen!

KAPITEL 1

RUSSLAND – FRAUEN BEGEHREN AUF GEGEN PUTINS KRIEG

Mittagessen im Restaurant »Sowjetische Zeit« in der Moskauer Innenstadt. Jetzt sind noch Tische frei, doch abends ist es brechend voll. Das Lokal ist im originalen Sowjet-Stil gehalten. Ich bin hier mit einem Freund und Kollegen, recherchiere für die österreichische Zeitung DER STANDARD. Im Restaurant gibt es einfache Holztische, ich sitze auf einem harten Stuhl, an der Wand hängen Propagandaplakate und Fotos von Stalin bis Gorbatschow. Man bestellt an der Theke und holt das Essen auch dort ab: Tschebureki, fettig gebackene Teigtaschen mit Hackfleisch-, Kartoffel- oder Käsefüllung.

Sowjetisch angehauchte Retrorestaurants gibt es einige in Moskau, bislang war das eher Nostalgie. Doch jetzt geht es in Russland zurück in eine Vergangenheit, die in den Staatsmedien zunehmend verklärt wird. Das hängt mit dem Krieg in der Ukraine zusammen. Westliche Konzerne ziehen sich aus Russland zurück. Produkte aus dem westlichen Ausland werden seltener und teurer. Russland soll in Zukunft auf eigenen Beinen stehen. Wie damals, in der Sowjetunion. In Russland, wo es kaum unabhängige Medien gibt, verfangen solche Ideen bei vielen Menschen.

Den 9. Mai 2022 erlebe ich am Fernseher. Ich schreibe an einem Artikel, da ist es praktisch, dass die große Militärparade live im TV übertragen wird. Der 9. Mai, er ist Russlands wichtigster Feiertag. 77 Jahre zuvor, am 8. Mai 1945, ist der Zweite Weltkrieg in Europa mit der Kapitulation der deutschen Wehrmacht zu Ende gegangen. Seit Tagen schon wird die Hauptstadt feierlich geschmückt, wird für die Militärparade geprobt. Moskau gleicht einer Festung, ein Großaufgebot der Polizei sichert die Innenstadt. Auf dem Roten Platz beobachten Kriegsveteranen, die russische Führung und die Ehrengäste die Parade von rund 11 000 Soldaten aller Waffengattungen. Westliche Diplomaten und Politiker nehmen in diesem Jahr nicht teil – ein Novum.

Jenseits der martialisch rasselnden Panzerketten versammeln sich am Mittag ein paar Kilometer vom Roten Platz entfernt Menschen zu einer ganz anders gearteten Gedenkveranstaltung – zum »Marsch des Unsterblichen Regiments«. Russinnen und Russen tragen Fotos ihrer Angehörigen, die im Zweiten Weltkrieg gestorben sind. 27 Millionen Tote hatte die Sowjetunion zu beklagen. Tausende Menschen sind in diesem Jahr gekommen, Freiwillige haben den Marsch organisiert.

Die Idee dazu entstand 2012 im sibirischen Tomsk. Ursprünglich war es eine private Initiative. Ein Journalist wollte gemeinsam mit zwei Freunden eine neue Form der Erinnerungskultur schaffen. Sie rechneten mit einigen Hundert, es kamen über 6000. Seitdem gibt es derartige Märsche in vielen russischen Städten. Eigentlich sollte es eine Privatinitiative bleiben, fern von staatlichem Einfluss. Doch das gelang nicht. Heute ist der »Marsch des Unsterblichen Regiments« fester Bestandteil der offiziellen Erinnerungskultur zum 9. Mai. Auch Präsident Putin marschiert mit.

Der Marsch ist Gedenken und Volksfest zugleich. Russische Volkslieder sind zu hören, immer wieder Hurrarufe. Und natürlich diskutieren sie über den Krieg. »Es geht nicht um die Ukraine«, erklärt Maria, 35 Jahre alt, »es geht um einen Konflikt zwischen Amerika und Russland.« »Wir trauern um die Toten im Krieg«, sagt Natascha, eine andere Teilnehmerin. »Jeder Krieg ist furchtbar.« Was in der Ukraine passiert, ist für die 62-Jährige ein heikles Thema. Offen verurteilen mag sie den Angriff auf das Nachbarland nicht. Nur so viel deutet sie an: »Niemand will, dass irgendwer stirbt.« Ihre beste Freundin Vera ergänzt: »Meine Großmutter, mein Großvater, meine Mutter und mein Vater sind gestorben. Und jetzt muss ich wieder einen Krieg erleben.«

Auch wenn man das in Deutschland nicht so wahrnimmt: Es gibt Widerstand gegen den Krieg in der Ukraine. Die wenigen Demonstrationen nach Kriegsbeginn allerdings waren schnell niedergeknüppelt. Die alten patriarchalen Reflexe aus Verbieten, Zuschlagen, Verhaften und Einsperren sitzen tief. Auch deshalb dürften Massendemonstrationen gegen den Krieg ausgeblieben sein. Die ukrainische Aktivisten Inna Schewtschenko kritisiert dies hart: »Die Einzigen, die Putin stoppen können, sind die Russinnen und Russen. Sie haben zu lange zugesehen, ihn zu lange geduldet und wiedergewählt. Ich bin komplett desillusioniert und enttäuscht von der Opposition in Russland.«

Das Regime hat die Opposition zum Schweigen gebracht. Zumindest den männlichen Teil, so scheint es mir. Großdemonstrationen wie nach der Verhaftung des Kremlkritikers Alexej Nawalny gibt es nicht. Vielleicht tue ich den männlichen Oppositionellen Unrecht, aber es sind vor allem Frauen, die sich in Russland gegen den Krieg wehren. Laut, plakativ, mit

Aktionen und Manifesten in Moskau. Und leise, eindringlich am Rande der Russischen Föderation. In Regionen wie Dagestan zum Beispiel. Aus entlegenen Gebieten wie diesem kommen die meisten russischen Soldaten, die in der Ukraine kämpfen. Ihre Mütter, Frauen, Freundinnen wollen zumindest das Warum begreifen.

Schon am ersten Kriegstag protestierten Frauen auf dem Moskauer Puschkin-Platz. Die Demonstration wurde rasch aufgelöst. Wenige Tage später veröffentlichten russische Feministinnen im Netz ein Manifest:

Russland hat seinem Nachbarn den Krieg erklärt. Es hat der Ukraine das Recht auf Selbstbestimmung und jedwede Hoffnung auf ein friedliches Leben abgesprochen. (...) Als russische Bürgerinnen und Feministinnen verurteilen wir diesen Krieg. Feminismus als politische Kraft kann nicht auf der Seite eines Angriffskrieges und einer militärischen Besatzung stehen. Die feministische Bewegung in Russland kämpft für benachteiligte Gruppen und die Entwicklung einer gerechten, gleichberechtigten Gesellschaft, in der Gewalt und militärische Konflikte keinen Platz haben dürfen.

Krieg bedeutet Gewalt, Armut, Zwangsvertreibung, zerstörte Leben, Unsicherheit und fehlende Zukunft. Er ist unvereinbar mit den grundlegenden Werten und Zielen der feministischen Bewegung. Krieg verschärft die Ungleichheit zwischen den Geschlechtern und wirft menschenrechtliche Errungenschaften um viele Jahre zurück. Krieg bringt nicht nur die Gewalt der Bomben und Geschosse mit sich, sondern auch sexuelle Gewalt: Wie die Geschichte zeigt, steigt das Risiko, vergewaltigt zu werden, zu Kriegszeiten für alle Frauen um ein Vielfaches. Aus diesen und vielen anderen Gründen müssen russische Feministinnen und alle, die feministische Werte teilen, entschieden gegen diesen von der Führung unseres Landes entfesselten Krieg auftreten. (...)

Feministinnen sind heute eine der wenigen aktiven politischen Kräfte in Russland. Lange Zeit wurden wir von den russischen Behörden nicht als gefährliche politische Bewegung wahrgenommen und waren daher vorübergehend weniger von staatlicher Repression betroffen als andere politische Gruppierungen. Derzeit sind mehr als fünfundvierzig verschiedene feministische Organisationen im ganzen Land tätig, von Kaliningrad bis Wladiwostok, von Rostow am Don bis Ulan-Ude und Murmansk. Wir rufen russische feministische Gruppen und einzelne Feministinnen auf, sich dem Feministischen Widerstand gegen den Krieg anzuschließen und ihre Kräfte zu vereinen, um sich aktiv gegen den Krieg und die Regierung, die ihn begonnen hat, zu stellen. (...) Wir sind viele, und gemeinsam können wir viel erreichen: In den letzten zehn Jahren hat die feministische Bewegung eine enorme mediale und kulturelle Macht erlangt. Es ist an der Zeit, diese in politische Macht umzumünzen. Wir sind die Opposition gegen Krieg, Patriarchat, Autoritarismus und Militarismus. Wir sind die Zukunft, die sich durchsetzen wird.

Protest gegen den Krieg gibt es nicht nur auf der Straße oder in oppositionellen Gruppen. Er kommt auch von unerwarteter Stelle. Es ist Montagabend, gerade läuft im Ersten Kanal, Staatsfernsehen, die Hauptnachrichtensendung »Vremja«. Natürlich geht es um die »Spezialoperation«. Plötzlich taucht hinter der bekannten Moderatorin Jekaterina Andrejewa eine Frau auf und hält ein Plakat in die Kamera. »Russen gegen den Krieg«, ruft die Frau und »Stoppt den Krieg!«. Teilweise wird das Plakat von der Moderatorin verdeckt. Darauf steht: »Glaubt der Propaganda nicht. Hier werdet ihr belogen«. Nach wenigen Sekunden spielt die Regie irgendeinen Filmbeitrag über Krankenhäuser ab. Doch die Botschaft ist in der Welt, mitten aus dem Staatsfernsehen, wo nur überprüfte und handverlesene Menschen arbeiten. Ich glaube kaum, was ich gesehen habe, und spreche mit Freunden darüber. Doch es hat sich genau so zugetragen. Es ist eine Sensation, auch wenn die Propaganda es als »Vorfall« herunterspielt.

Der Name der mutigen Frau wird schnell bekannt: Sie heißt Marina Owsjannikowa, eine Redakteurin des Senders Erster Kanal, der auf Russisch Perwy Kanal heißt. Das Video der Protestaktion verbreitet sich in rasender Geschwindigkeit, wird tausendfach kommentiert. Der Starpianist Igor Levit beispielsweise postet auf Twitter einen Link zum Video und schreibt dazu: »Was Mut wirklich bedeutet.« Marina hat die Aktion wohl gut vorbereitet. Die Organisation OVD-Info, eine unabhängige Initiative, die Fälle von politischer Verfolgung öffentlich macht, zeigt ein im Voraus aufgenommenes Video, in dem die Redakteurin ihre Beweggründe erklärt. »Leider habe ich in den vergangenen Jahren für Perwy Kanal gearbeitet und Propaganda für den Kreml gemacht. Dafür schäme ich mich heute sehr.« Ihr Vater sei Ukrainer und ihre Mutter Russin, der Krieg sei ein »Verbrechen«. Wer ist Marina Owsjannikowa? Eine Frau, die weit herumgekommen ist. 1985 zog ihre Familie zunächst nach Grosny in Tschetschenien, Anfang der 90er-Jahre flohen sie vor dem Tschetschenien-Krieg nach Krasnodar. Dort studierte Marina Owsjannikowa und arbeitete beim Sender Kuban TV. Später ging es nach Moskau, sie absolvierte die Russische Präsidentenakademie für Volkswirtschaft und öffentliche Verwaltung. Ein linientreuer Lebenslauf, der ihr den Job beim Perwy Kanal einbrachte. Dort war sie als Redakteurin für die Auslandsnachrichten zuständig.

In Marina muss es gegärt haben, vom ersten Kriegstag an. Sie berichtete ganz auf Staatslinie, verfolgte aber auch internationale Nachrichtenagenturen und westliche Medien. Die Stimmung unter den Mitarbeitern und den Mitarbeiterinnen des Senders sei nicht gut gewesen seit Kriegsbeginn, berichtet *Dekoder*. Dieses Online-Magazin mit Sitz in Hamburg will »Russland entschlüsseln«, übersetzt Beiträge aus unabhängigen russischen Medien wie *Republic, Kommersant* und *Nowaja Gaseta*. Für seine Arbeit wurde *Dekoder* mit dem Grimme Online Award ausgezeichnet.

»Der Krieg hat das Fass zum Überlaufen gebracht«, schreiben die beiden Journalistinnen Mascha Borsunowa und Irina Bablojan auf ihrer Seite »Mascha on Tour«. Mascha Borsunowa war früher beim kritischen Fernsehsender TV-Rain tätig, Irina Bablojan bei der Radiostation Echo Moskwy. Nach der Aktion von Marina Owsjannikowa begannen die beiden, unter Mitarbeitern staatsnaher Medien zu recherchieren. *Dekoder* dokumentiert ihren Artikel.

Mascha Borsunowa und Irina Bablojan berichten von verschärften Bedingungen in den Redaktionen, von internen Untersuchungen und Mitarbeiterbefragungen, von Kündigungen und Drohungen. Ihre Quellen sind anonym, nachprüfen kann man diese Berichte nicht. Dennoch: Es scheint plausibel, beide Autorinnen sind renommierte Journalistinnen. Ähnliche Aussagen habe ich auch selbst gehört von Mitarbeitenden der Staatsmedien, die lieber anonym bleiben wollen.

Sie zitieren auch aus einer ihnen vorliegenden internen Dienstanweisung staatsnaher Sender. »Die wichtigste These des Handbuchs ist die Nichtverwendung des Wortes ›Krieg‹. Es ist sogar notwendig, den Ausdruck ›kämpfen‹ so weit wie möglich zu reduzieren. Stattdessen sollten in Berichten die Begriffe ›Sondereinsatz‹, ›Befreiungsmission‹ und andere ähnliche Begriffe verwendet werden.« Notwendig sei es, so zitieren die Autorinnen, »ein positives Image des russischen Militärs zu schaffen.« Über Erfolge des »Sondereinsatzes« solle es »positive Informationen« geben. »Darüber hinaus muss der Erfolg nicht durch die Eroberung von Städten und die Zerstörung des Feindes gezeigt werden, sondern durch unblutige Symbole: die Sympathie der Einheimischen, die freiwillige Kapitulation der ukrainischen Armee.«

Im März 2022 wird Marina Owsjannikowa wegen »Diskreditierung der russischen Armee« angeklagt, nach dem gerade in Kraft getretenen Gesetz, das die Verbreitung von »Falschnachrichten« unter hohe Strafen stellt. Kurze Zeit später verurteilt man sie – überraschend – zu einer milden Geldstrafe. Sie darf Russland verlassen, lebt zeitweise in Berlin und arbeitet freiberuflich für die *Welt*.

Das Ende dieser Geschichte erscheint merkwürdig. Warum durfte Marina Owsjannikowa nach ihrer Protestaktion noch in Russland Interviews geben? Warum blieb die Geldstrafe so niedrig, wo doch andere russische Regimekritiker viel härter verurteilt wurden? Als ihr neues Engagement für die *Welt* bekannt wurde, demonstrierten Ukrainer vor dem Verlagsgebäude in Berlin, weil sie vermuteten, Marina Owsjannikowa würde mit der russischen Regierung kooperieren. Sie selbst dementiert das – und es gibt auch keinerlei Belege dafür.

Über ihre Rolle und ihren neuen Job ist eine heftige Debatte entbrannt. Gesine Dornblüth, ehemalige Moskau-Korrespondentin des Deutschlandradios, spricht ihr die Fähigkeit ab, überhaupt Journalistin zu sein: »Owsjannikowa hat acht Jahre

Propaganda gemacht, das hat sie selbst beschrieben: gelogen, manipuliert und zum Hass aufgestachelt. Sie hat nicht selber Beiträge gemacht, sondern recherchiert mit den Schwerpunkten: schlechte Nachrichten über den Westen und gute Äußerungen über Russland aus dem Westen. Leute, die das machen, sind Propagandisten. Wenn wir sie als Journalistin bezeichnen, dann beschädigen wir unseren Berufsstand.«

In einem Artikel, erschienen auf *Welt online*, kontert Marina Owsjannikowa: »Seit dem ersten Tag werde ich kritisiert. Es ist eigentlich ziemlich egal, was ich tue. Beide Seiten attackieren mich, sowohl Russen als auch Ukrainer. Fast habe ich mich schon daran gewöhnt. Mal bin ich in Russland eine britische Spionin, mal bin ich in der Ukraine eine russische Spionin. Hätte ich geschwiegen nach dem Protest, hätte man gesagt, dass es doch seltsam ist, dass man nichts von mir hört. Nun spreche und schreibe ich darüber, und nun ist es seltsam, dass ich das noch tun kann. Andere sprechen mir wegen meiner Vergangenheit ganz generell die Fähigkeit ab, unabhängig zu berichten.« Anfang Juli 2022 endet Marina Owsjannikowas Gastspiel bei der *Welt*. Der Vertrag über eine freie Zusammenarbeit sei ausgelaufen, so eine Sprecherin des Medienkonzerns Axel Springer, zu der die *Welt* gehört.

Der Bombenkrieg, die Raketenangriffe und die Trommelfeuer auf ukrainische Dörfer sind nur ein Teil, der sichtbarste und grausamste, doch ein Krieg beschränkt sich heute nicht mehr allein auf Waffengewalt. Es ist auch ein Informationskrieg. Ich lese interessante Zahlen. Von Januar bis März 2022 stiegen in Russland die Ausgaben für die staatlichen Medien im Vergleich zum Vorjahr um 300 Prozent. Bei den Militärausgaben waren es nur elf Prozent. Die Propaganda, der Krieg um die Köpfe und Herzen der Menschen, ist ein wichtiger Teil des Krieges, zumal viele Russinnen und Russen schon zu einem frühen Zeitpunkt wissen: Der Krieg und die Sanktionen werden auch sie treffen. Die Preise werden steigen, die Arbeitslosigkeit genauso. Die »Berichterstattung« im Staatsfernsehen, die für mich immer absurdere Züge annimmt, ergänzt die Staatsführung um eine rigide Verbotspolitik. Mehr als 40 Redaktionen kritischer Medien werden geschlossen oder zur Schließung genötigt. Echo Moskwy ist dabei, der Radiosender, den ich gerne morgens im Bad höre. *Meduza* trifft es genauso wie die renommierte *Nowaja Gaseta*. Internetseiten werden blockiert.

Zur Aufgabe und Funktion von Propaganda gibt es ein bekanntes Traktat. In den »Grundsätzen für die Führung der Propaganda im Krieg« heißt es, sie diene »erstens zur Erhaltung der Opferfreudigkeit und der geschlossenen Wehrwilligkeit des eigenen Volkes. Zweitens zur Aufklärung über die das Leben des eigenen Volkes beeinflussenden militärischen Maßnahmen. Drittens zur Überwindung von Unruhe und Erregung im Volk, die durch feindliche Einwirkung auf das Heimatgebiet hervorgerufen werden. Viertens zur Tarnung, Verschleierung und Irreführung eigener Absichten dem Auslande gegenüber.«

Die Grundsätze stammen nicht etwa aus einem Handbuch der russischen Führung, sie wurden vielmehr 1938 für die deutsche Wehrmacht aufgestellt. Trotzdem stimmen sie auch für das heutige Russland – genauso übrigens wie in der Ukraine, auch wenn das viele im Westen nicht gern hören werden.

Wenige Tage nach Kriegsbeginn werden durch ein neues Gesetz drei neue Straftatbestände eingeführt: »Diskreditierung der Handlungen der russischen Streitkräfte«, »Aufruf zu Sanktionen gegen Russland« und »Öffentliche Verbreitung falscher

Informationen über die Aktivitäten der russischen Streitkräfte«.
Später kommt noch ein Verbot der Verbreitung von »Fake News«
über Aktivitäten staatlicher Stellen im Ausland hinzu.

Doch die alten Zensurmethoden funktionieren im Jahr 2022
nicht mehr, schreibt der Nachrichtenchef der *Nowaja Gaseta*
in der *taz*: »Journalisten sind an die Sperrung von Webseiten
gewöhnt und haben sich und das Publikum darauf vorbereitet.
Noch Anfang Februar waren in Russland Zoom, Telegram,
WhatsApp, TikTok und Instagram die fünf am häufigsten
heruntergeladenen Apps. Jetzt sind VPN-Dienste auf den ersten
fünf Plätzen. Die Menschen wollen Informationen. Altmodische
Verbote können das kaum verhindern.« VPN, »virtual private
network«, ist eine Software, die die eigene Identität verschleiert.
Man kann damit beispielsweise in Russland auf Seiten im Netz
zugreifen, die eigentlich von den Behörden gesperrt sind.

Doch nicht allein im Internet können sich Russen dieser Tage
über den Krieg informieren. Eine neue Form des Protestes und
gleichzeitig der Information entwickelt die 30-jährige Künstlerin
Sasha Skotschilenko. Viele in Russland schauen ausschließlich
Staatsfernsehen – und gehen zum Einkaufen in den Supermarkt.
In den Supermarkt geht auch die Aktivistin. Dort tauscht sie die
Preisschilder aus gegen Zettel, auf denen Informationen über die
Opfer des Krieges in der Ukraine zu lesen sind. Sasha Skotschi-
lenko wird erwischt. Ihr drohen bis zu zehn Jahre Haft.

Am Protest gegen den Krieg beteiligt sich auch die Regisseurin Ekaterina Selenkina. Ihr Film »Detours« wurde 2021 auf
den Filmfestspielen von Venedig mit dem Critics' Week Award
ausgezeichnet. Selenkinas Protagonist ist ein Drogendealer, um
den es allerdings nur vordergründig geht. Eigentlich ist der Film
ein Blick auf die Wirklichkeit in Moskau, in Russland. In einem

Interview, veröffentlich auf dem Portal Kinoart.ru, beschreibt Selenkina das so: »Die Gefahr, die viele Menschen spüren, wenn sie durch die Straßen der Stadt gehen – nicht die Gefahr, einem Verbrecher gegenüberzutreten, sondern die Gefahr, die von der Macht ausgeht –, ist ein wichtiger Teil des Films.«

Ekaterina Selenkina fährt eine Stunde lang mit der Metro durch Moskau. Hin und her, ohne Ziel. Es ist eine Kunstaktion. In der Hand hält sie eine blutige Schaufensterpuppe, ein Baby. Den Fahrgästen sagt sie: »Russische Soldaten töten Kinder in der Ukraine.« Auf dem Netzportal *Mediazona* begründet sie ihre Aktion: »Der von Russland entfesselte Krieg mit der Ukraine ist weitgehend aus dem Bewusstsein der Russen und des öffentlichen Raums in Moskau verdrängt. Als ich mit einem Baby in einer blutigen Windel die U-Bahn betrete, versuche ich, zufällige Passanten mit dem Unerträglichen und Unvorstellbaren zu konfrontieren. Russisches Militär tötet Zivilisten in der Ukraine. Das russische Militär tötet Kinder. Wir müssen uns dem Schrecken des Krieges stellen.«

Manche Fahrgäste hätten ihr gedankt, so sagt die Regisseurin, andere hätten sie beleidigt, gesagt dass »die Metro kein Ort dafür ist und sie das nicht sehen und hören wollen.« Ekaterina Selenkina, eine mutige junge Frau, gerade mal 30 Jahre alt.

Ganz gewiss nicht zur jüngeren Generation gehört Elena Osipowa aus Sankt Petersburg. Geboren wurde sie 1945, als Sankt Petersburg noch Leningrad hieß. Ihre Eltern überlebten die Leningrader Blockade durch die Deutschen, alle anderen Familienmitglieder starben damals. Elena Osipowa ist Künstlerin, sie malt Bilder, Plakate, setzt sich mit der gesellschaftlichen Realität in Russland auseinander. Immer schon. Ihre Plakate findet man seltener in Kunstausstellungen, dafür oft, von ihr getragen, auf Demonstrationen und Protestveranstaltungen. Um häusliche Gewalt gegen Frauen und Kinder geht es ihr genauso wie um den Krieg jetzt in der Ukraine. Einem Reporter der BBC erzählt Elena Osipowa, nach der Invasion sei sie geschockt gewesen, sie habe drei Tage lang nichts gegessen. Dann aber, am 2. März 2022, geht sie auf die Straße, demonstriert gegen den Krieg und wird vorübergehend festgenommen. Aufgeben, das Land verlassen gar, ist für Elena Osipowa keine Alternative. Sie wird weiterkämpfen.

Trotz aller Zensurversuche: Vollständig unterdrücken lassen sich Informationen über den Krieg nicht. Das gilt umso mehr, je länger er dauert. Längst sickert durch, dass auch viele russische Soldaten sterben. Offen redet darüber zwar niemand; es wäre zu gefährlich. Aber im Netz finde ich viele Geschichten darüber.

In der Internetzeitung *Svobodnye Novosti* erzählt eine Mutter die Geschichte ihres Sohnes. Dmitrij aus Saratow ist 19 Jahre alt, als er in den Krieg zieht. »Als unsere Armee in Syrien kämpfte, sagte er, dass auch er Soldat werden wolle«, erinnert sie sich. Er unterschrieb einen Vertrag und verpflichtete sich. Alles begann am 15. oder 16. Februar. Er rief zu Hause an und sagte: »Mama, das ist erstaunlich. Alle Vertragssoldaten gehen irgendwohin.« Am 21. Februar rief Dimitrij erneut an. »Mama, wir ziehen morgen los. Es scheint, dass es eine ›Sonderoperation‹ geben wird.« Erst im März hört seine Mutter erneut von ihm. In den Tagen nach dem 24. Februar, dem Einmarsch in die Ukraine, sitzt sie stundenlang vor dem Handy und wartet auf Nachricht. Sieht einen Telegram-Kanal, auf dem Ukrainer Fotos und Videos mit toten und gefangenen russischen Soldaten posten.

Im März meldet Dimitrij sich wieder, vom Telefon einer anderen Person. »Ich habe mit ihm gesprochen und gedacht, nur nicht ins Telefon schreien, nur nicht schreien! Mein Mann glaubte lange nicht, dass die Jungs in einem Kriegsgebiet waren, bis er eines Tages direkt während eines Telefongesprächs Bomben hörte.« Dimitrij legte auf und rief zehn Minuten später zurück. »Mama, mir geht es gut, wir leben alle.« Das ist das Ende dieser Geschichte. Ob Dimitrij heute noch lebt, ist nicht bekannt.

Geschichten von jungen Soldaten, die in eine »Spezialoperation« geschickt werden, ohne zu wissen, warum. Es sind keine Mörder, keine Bestien, einfach nur junge Männer voller Angst. Nachprüfen kann man diese Geschichten nicht. Doch sie klingen nicht nach Propaganda. Zumal selbst die russische Seite Verluste einräumt: 1351 Soldaten seien bislang gestorben, 3825 verletzt worden, so die Zahlen des Verteidigungsministeriums vom März 2022. Es werden wohl mehr sein, aber weniger als die Zehntausenden Toten, von denen die ukrainische Seite spricht.

Es sind auch die Nachrufe auf die Gefallenen, die dazu beitragen, dass der russischen Bevölkerung das Ausmaß der Kämpfe in der Ukraine bewusst wird. Man findet sie immer öfter, auch auf offiziellen Webseiten. Auf einer davon schreibt die Witwe eines Soldaten: »Igor war ein guter, sympathischer Mensch, ein guter Vater, er hat uns immer in allem geholfen, er hat uns sehr geliebt.« Dann folgt der Satz, mit dem alle Nachrufe auf dieser Seite enden: »Durch das Dekret des Präsidenten der Russischen Föderation wurde Klyuev Igor N. posthum der Orden des Mutes verliehen.«

Freiwillige der Organisation *Mediazona,* gegründet von Aktivistinnen der Punk-Band Pussy Riot, die ich später noch vorstellen werde, durchforsten offen zugängliche Quellen, Lokalzeitungen, aber auch Seiten im Netz. Mit Stand vom 6. Mai 2022 kann *Mediazona* den Tod von 2099 russischen Soldaten einwandfrei nachweisen. »Diese Zahl spiegelt nicht das tatsächliche Ausmaß der Verluste wider«, schreibt die Organisation. »Wir sehen nur öffentliche Berichte über Todesfälle. Dazu gehören Beiträge von Angehörigen, Nachrichten in regionalen Medien und Berichte von lokalen Behörden. Darüber hinaus ist die Zahl der Vermissten und Gefangenen unbekannt.«

Die Mehrzahl der russischen Soldaten, die in der Ukraine kämpfen, tun dies nicht aus Spaß am Schießen und Töten. Viele unterschreiben beim Militär, weil sie schlicht Geld brauchen. Einen tragischen Fall schildert die Internetzeitung *Meduza*. Ein junger Mann aus der Gegend von Sankt Petersburg, 21 Jahre alt, hatte sich verpflichtet, um eine medizinische Behandlung bezahlen zu können. Von Geburt an war sein Gesicht entstellt. Der Dienst im Militär sollte ihm das Geld für eine plastische Operation bringen. Im Mai 2022 starb er bei Charkiw.

Es ist die Not, die viele ins Militär, in den Krieg treibt. Zu ähnlichen Erkenntnissen kommen die Rechercheure von *Mediazona*. Die meisten der toten Soldaten stammen aus armen Regionen wie Dagestan und Burjatien. Dort liegt der durchschnittliche Monatslohn um die 200 Euro. Ein Vertrag als Zeitsoldat bringt dagegen vergleichsweise viel Geld. Die wenigsten Kriegstoten stammen aus den reichen Regionen rund um Moskau und Sankt Petersburg.

Dagestan ist eine Region am Rande der Russischen Föderation. Sie grenzt an Georgien und Aserbaidschan. Dort, wo die Kämpfe in der Ukraine geografisch weit entfernt sind – und für die Angehörigen der vielen Soldaten, die in der Ukraine kämpfen, persönlich so nahe. Im Nordkaukasus zu recherchieren, ist für westliche Journalisten schwierig. Doch es gibt engagierte Kolleginnen vor Ort, die immer wieder unbequeme Themen an die Öffentlichkeit bringen. Sie veröffentlichen ihre Recherchen auf der Website Daptar.ru. In den Kriegstagen 2022 das wichtigste Thema: die Situation der Mütter, der Ehefrauen und Freundinnen von Soldaten aus Dagestan, die in der Ukraine kämpfen.

Eine dieser Journalistinnen macht sich im Frühjahr 2022 auf Spurensuche. Sie reist durch Dagestan, führt Interviews. »In Russland werden immer mehr Wörter verboten. Du kannst zum Beispiel nicht ›Krieg‹ sagen. Wir brauchen eine ›Spezialoperation‹«, sagt sie.

Safiya, über die die Journalistin auf Daptar.ru schreibt, lebt in der Stadt Iserbasch, 56 000 Einwohner, eine Fabrik für Elektroöfen, etwas Lebensmittelindustrie. Safiya ist eigentlich im Ruhestand, doch von 9000 Rubel Rente, knapp 140 Euro, kann niemand leben. So arbeitet sie stundenweise in einer Schusterei. Dort, so Safiya, gebe es nur ein Thema: den Krieg und die Verwandten, die dort kämpfen. »Wen Sie auch fragen, jeder hat einen Angehörigen dort. Jemand hat einen Bekannten, jemand hat dort einen Cousin in der Armee, jemand hat einen Neffen. Alle, ohne Ausnahme.« Wie denkt sie über die sogenannte Spezialoperation? »Es ist nicht klar, wofür sie kämpfen, was dort passiert. Manche sagen das eine, andere etwas anderes. Wir sitzen einfach da und schauen, was im Fernsehen läuft, schauen auf Instagram.« Und sie ergänzt: »Einige sagen: Dieser Krieg ist für diejenigen, die dabei reich werden.« Andere wiederum, so erzählt es Safiya, sagen, Präsident Putin habe genau das Richtige getan. Ansonsten hätten uns die Feinde angegriffen. »Ich weiß nicht, wir wissen nicht, was los ist. Und wer leidet? Soldaten leiden, ihre Familien leiden, Mütter leiden, ihre Frauen.«

Chassawjurt, eine andere Stadt in Dagestan. Dort trifft die Journalistin eine Frau auf dem Markt. Der Krieg, die Abkopplung vom Westen, Russland entwickelt sich rückwärts, sagt sie, zurück in Richtung sowjetischer Verhältnisse. Für die Zukunft ihrer Tochter sieht sie schwarz: »Sie und ihr Verlobter sind Studenten, angehende Informatiker. Was für eine IT, welche Zukunft haben sie, wenn Intel weggeht? Wie kann sich ein Programmierer in Isolation entwickeln? Programmieren lebt, es muss immer wieder neu erfunden werden. Das heißt, die ganze Welt wird etwas tun, und mein Mädchen wird alte Lehrbücher studieren und nach alten Mikroschaltungen suchen? Das ist ein sehr starker Rücksprung. Und ich habe das Gefühl, dass ich in die UdSSR zurückgekehrt bin. Ich dachte, ich wäre dort weggegangen, habe sogar einige Zeit in Freiheit gelebt, und dann, bam, wurde ich ins Regal zurückgebracht.«

Zurück in eine Art Sowjetunion 2.0. Dies erlebe ich auch in Moskau. Es ist der totale Bruch mit dem Westen. Gestern noch gab es Kulturaustausch, ein »deutsch-russisches Jahr« sollte nach Corona kommen, mit vielen Kontakten zwischen West und Ost. Das alles findet nun nicht mehr statt. Plötzlich bin ich ein Korrespondent aus einem »unfreundlichen Land«, wie es offiziell heißt. Noch hat das keine Konsequenzen für meine Arbeit. Doch wir werden sehen.

Viele Russinnen scheint dieses ›Zurück auf Anfang‹ allerdings nicht zu stören. »Ich bin so enttäuscht vom Westen, dass es mir nichts ausmacht, wieder hinter dem Eisernen Vorhang zu leben«, sagt die Rentnerin Vera. Ein Sowjetleben samt Entbehrungen oder gar einer Versorgungskrise schreckt Vera nicht. Sie baut auf ihrer Datscha Gemüse an, legt Gurken und Paprika für den Winter ein. Wie schon damals. Die 60-jährige Marina

dagegen will nicht zurück in die Vergangenheit. »Die Sowjetunion hatte ihre Vorteile, aber ich möchte nicht wieder unter
diesen Bedingungen und nach diesen Regeln leben. Es war
unerträglich, jahrelang auf eine Wohnung zu warten, jahrelang
auf ein Auto zu warten«.

An der Oberfläche ändert sich bislang nicht viel, so meine
Beobachtung. Zahlreiche westliche Konzerne verlassen Russland, doch viele Produkte wird es einfach unter neuem Namen
geben. Lieferwege werden sich ändern, die Zusammenarbeit mit
China wird enger. Doch der Kapitalismus bleibt, nur kommt er
jetzt im neuen Mäntelchen daher.

Modelabels wie »Zara« werden von russischen Firmen übernommen, die Kleider werden wohl, wie bei den europäischen
Marken auch, auch weiterhin in China, Indien und anderen
Billiglohnländern genäht werden. Und der Moskwitsch kommt
wieder – jenes kantige Kultauto von damals, dem deutschen
Opel Kadett nachempfunden. Gebaut werden soll der Moskwitsch vor den Toren Moskaus, im ehemaligen Werk von
Renault. Der Konzern hat Russland verlassen. Die Produktion
soll bereits Ende 2022 beginnen. Natürlich wird der neue Moskwitsch kein russisches Auto à la Opel Kadett sein, sondern ein
chinesischer Kleinwagen, der in Moskau montiert wird.

Viel tiefgreifender jedoch wird die ideologische Um-
orientierung sein. Sie beginnt bereits bei den Kleinsten. Zu Beginn jeder Schulwoche soll die Nationalflagge gehisst und die
Hymne gesungen werden. Geschichtsunterricht wird es ab
der ersten Klasse geben, gelehrt werden soll auch eine neue
Geschichtssicht. Das Singen der Hymne gefällt vielen Eltern.
»Dies ist eine völlig normale Erziehung zum Patriotismus und
zur Gewöhnung an die Symbole des Staates«, sagen Eltern im

Netz. Manche Lehrer sind da deutlich skeptischer: »Wir hatten keine Zeit, diese Initiative auch nur am Rande zu diskutieren. Manchmal kennen die Schüler bei Schulveranstaltungen nicht einmal den Text der Hymne oder wollen aus irgendeinem Grund nicht mitsingen.« Wiederbeleben möchte man auch die Kinderorganisation der »Pioniere«, im Mai 1922 gegründet, um die künftigen Erbauer des Sowjetstaates zu erziehen. Genau 100 Jahre später, am 19. Mai 2022, legten Abgeordnete im Parlament einen Gesetzesentwurf zur Gründung einer neuen gesamtrussischen Kinderorganisation vor. Nach einer Umfrage unterstützen 38 Prozent der Russen diesen Plan.

Nach dem Willen von Präsident Putin soll es auch den 1991 abgeschafften Ehrentitel »Mutter-Heldin« wieder geben, der den Müttern von Großfamilien verliehen wird. Der Orden wurde in der Sowjetunion 1944 eingeführt, ausgezeichnet wurden Frauen, die mindestens zehn Kinder geboren hatten. Eine Million Rubel Prämie sollen die Heldinnen an der Gebärfront erhalten. 1944 ging es der Staatsmacht um Nachwuchs für den Krieg. Ich hoffe, dass dies heute nicht der Hintergrund ist.

Russland hat den Weg zurück in eine neue, alte Sowjetunion eingeschlagen. Unter Putin soll das Land endlich wieder eine Großmacht sein, eine in der Welt gefürchtete und respektierte Atommacht. Keine bedeutungslose Regionalmacht, wie der damalige US-Präsident Barack Obama 2014 spottete.

Was aber bedeutet dieses Zurück in die Vergangenheit für die Menschen in Russland? Was erwartet vor allem die Frauen, deren vermeintliche Gleichberechtigung die Sowjetunion im Kampf der Systeme mit dem Westen pries? Das will ich mir im Folgenden genauer ansehen.

KOMMENTAR

FRAUEN UND KRIEG

Zwischen 1941 und 1945 gab es etwa eine Million Frauen in der Roten Armee, die nicht nur traditionell weibliche Aufgaben im Fernmeldewesen oder beim Sanitätsdienst verübten, sondern auch in Schützenregimentern, als Scharfschützinnen, bei den Partisanen und als Kampffliegerinnen eingesetzt wurden. Das war im internationalen Vergleich eine relativ hohe Zahl und zudem neuartig. Obwohl in der Sowjetunion die Gleichheit von Mann und Frau propagiert wurde, erfolgte bei Kriegsbeginn im Juni 1941 keine aktive Mobilisierung von Sowjetbürgerinnen für den Kriegsdienst. Im Gegenteil: Der Platz von Frauen im Krieg sollte an der Heimatfront sein, die Gesellschaft war weitgehend patriarchalisch.

Aber allein in Moskau meldeten sich bei Kriegsausbruch 20000 junge Frauen freiwillig zum Kriegseinsatz, worauf das Staatliche Komitee für Verteidigung (GKO) reagieren musste. Erst als im Verlauf der ersten Kriegsmonate immer höhere Verluste zu verzeichnen waren, wurden angesichts der desolaten Situation der Sowjetunion 1942 bis 1943 aktiv Frauen angeworben. Besonders junge Frauen aus Städten meldeten sich oftmals begeistert zum Militär, da sie die Propaganda der 1930er Jahre verinnerlicht hatten. Demnach sollten alle Sowjetbürger bereit sein, ihr Vaterland zu verteidigen. In vielen Medien der populären Kultur war der Sowjetpatriotismus propagiert worden, und es wurden paramilitärische Unterweisungen durchgeführt. In der Armee war man zunächst nicht auf weibliche

Angehörige vorbereitet, es fehlten passende Uniformen oder Unterwäsche, spezielle Vorschriften oder Gynäkologen. Die meisten Frauen kamen nahezu naiv und unwissend, weshalb sie zunächst Schnellkurse absolvierten, um zumindest ein rudimentäres Grundwissen zu erlernen, das jedoch ungenügend auf den Kriegseinsatz vorbereitete. So erlebten viele dann auch schreckliche Erlebnisse, hinzu kamen oft sexuelle Belästigungen durch Rotarmisten.

Nach Kriegsende im Mai 1945 wurden die Frauen in der Roten Armee zügig demobilisiert, es gab keine Möglichkeiten, eine militärische Laufbahn einzuschlagen. Im Gegenteil, Frauen sollten besser über ihre Erlebnisse in den Reihen des Militärs schweigen.

Nach dem Ende des Zweiten Weltkriegs erfolgte eine schnelle Rückkehr zu traditionellen Geschlechterhierarchien, obwohl Frauen während des Krieges oftmals den Platz der Männer in der Arbeitswelt übernommen hatten. Das Ideal der Ehe war enorm wichtig, der Männermangel durch die hohen Kriegsverluste jedoch gravierend. Eine Frau, die keinen Ehemann gefunden hatte, galt bis zum Ende der Sowjetunion als »alte Jungfrau«, die es nicht geschafft hatte, einen Mann an sich zu binden.

Mit Beginn des Krieges gegen Tschetschenien im Dezember 1994 rückten massive Missstände wie Willkür, Gewalt gegen Rekruten und Folter in der russischen Armee in das öffentliche Bewusstsein. Es bildeten sich im ganzen Land Komitees der Soldatenmütter heraus, die die Einführung eines Zivildienstes und eine zivile Kontrolle forderten.

KAPITEL 2

VON DER SOWJETUNION NACH RUSSLAND – GLEICHBERECHTIGUNG? JA, ABER!

Von all den wunderschönen Metro-Stationen in der Moskauer Innenstadt, architektonisch verschwenderisch mit Gemälden und Kronleuchtern herausgeputzt, fasziniert mich am meisten die Station Ploschtschad Rewoljuzii, zu Deutsch: Platz der Revolution. Sie liegt nahe am Roten Platz und wurde am 13. März 1938 eröffnet. Damals gab es die Moskauer Metro seit drei Jahren. Von den heute 241 Bahnhöfen zählen 48 zum Kulturerbe Russlands, sie sind beliebte Touristenziele.

Auf dem Bahnsteig von Ploschtschad Rewoljuzii stehen 76 Bronzestatuen im Stil des sozialistischen Realismus. Der Bildhauer Matweij Maniser hat Archetypen aus der Sowjetzeit geschaffen. Die meisten Statuen stellen Paare dar, Mann und Frau. Der Bauer, die Bäuerin. Der Seemann, die Pilotin. Der Student, die Studentin. Der Fußballer, die Athletin. Am meisten angetan hat es den Moskauern von heute die Statue der Scharfschützin und des Soldaten mit einem Hund. Im Vorübergehen streicheln die Fahrgäste die Hundeschnauze aus Bronze. Bringt wahrscheinlich Glück.

Die Metro-Station Ploschtschad Rewoljuzii steht mit ihren

mächtigen, plakativen Statuen für den Anspruch der Sowjetunion, als eines der ersten Länder der Welt die Gleichberechtigung von Mann und Frau verwirklicht zu haben: Hier können Frauen alles erreichen. Doch die Realität des Riesenreichs war eine andere, wie sich nur wenige Schritte von den Statuen entfernt beobachten ließ. Denn die Züge, die tagein, tagaus daran vorbeirauschen, durften bis vor Kurzem nur von Männern gesteuert werden. Diese Arbeit sei körperlich zu anstrengend für Frauen, begründete das russische Arbeitsrecht das Verbot. Erst 2021 wurde es geändert. Frauen dürfen jetzt auch Boote steuern und große Lastwagen fahren. Vor der Gesetzesänderung waren 400 Berufe für Frauen verboten, jetzt sind noch rund 100 Jobs Männern vorbehalten. Wie so oft in Russland wurde die Revolution am Zugführerstand propagandistisch überhöht. Die Metro-Verwaltung brachte eine Barbiepuppe in Uniform heraus. Aufschrift: »Du kannst alles erreichen, was du möchtest.«

Das mögen sich manche Frauen auch zu Beginn des vorigen Jahrhunderts gedacht haben. Mägde, Bäuerinnen, Dienstmädchen, bedeutungslos in der Zarenzeit, witterten nach der Oktoberrevolution Morgenluft. Schon 1908, auf dem ersten Allrussischen Frauenkongress, vertrat man die These, nur die Befreiung der Arbeiterklasse werde die Situation der Arbeiterinnen verbessern. Die Historikerin Carmen Scheide, Dozentin für Geschichte Osteuropas an der Universität Bern, schreibt über Alexandra Kollontai (1872 –1952), die damals wohl wichtigste Vertreterin der sozialistischen Frauenbewegung: »Kollontai vertrat die Position, dass es auch einer eigenen Agitation der Frauen bedürfe. Sie, als überzeugte Feministin und Sozialistin aus gutem Hause, forderte Gleichberechtigung, ein zentrales Thema auf dem Kongress in Sankt Petersburg, an dem viele

Vertreterinnen unterschiedlicher Frauenorganisationen teilnahmen. Es ging vor allem um das Wahlrecht für Frauen, um den Zugang zu höherer Bildung und zu neuen Berufen.«

Alexandra Kollontai setzte sich für die Vereinbarkeit von Haus-, Familien- und Lohnarbeit ein. Sie wurde nach der Oktoberrevolution 1917 Volkskommissarin für Sozialfürsorge. Von 1920 bis 1923 leitete sie nach Inessa Armand die »Frauenabteilung« (Zhenotdel) in der KPdSU.

Ihre Forderungen wurden mit der Zeit immer radikaler. Sie wollte die Abschaffung des familiären Haushalts und die Abschaffung der privaten Kinderbetreuung, das erzählt mir Carmen Scheide, als ich sie von Moskau aus in Bern erreiche. »Nach der siegreichen Oktoberrevolution und der Machtübernahme der Bolschewiki galt es, die Theorie – nämlich die Vorstellungen einer sozialistischen Zukunft und Lebensweise – in die Praxis umzusetzen. Seit 1918 sollten zahlreiche Gesetzesmaßnahmen rasch zu einer neuen, gleichberechtigten Gesellschaft führen, darunter die Legalisierung von Ehescheidungen und Abtreibungen, ein vereinfachtes Ehegesetz, ein staatlicher Mutterschutz, die Gleichstellung von Mann und Frau sowie gleicher Lohn für gleiche Arbeit. Bei diesem historischen Experiment bedachten die Machthaber anfangs jedoch nicht, wie ein Übergang zu schaffen sei, sprich: wie die vorhandenen Alltagsbedingungen mit den theoretischen Zielen in der Praxis vereinbart werden könnten.«

Doch der revolutionäre Anspruch stieß schnell auf eine nach wie vor männerdominierte Wirklichkeit. »Entgegen den ursprünglichen revolutionären Zielen war die Arbeiterin keineswegs mit dem Mann gleichgestellt, sondern musste sich neben der Fabrikarbeit auch noch um Haushalt und Kindererziehung

kümmern, weshalb sie am gesellschaftlichen Leben aus Zeit-
mangel nicht teilnehmen konnte«, schreibt Carmen Scheide.
»Spätestens seit der forcierten Industrialisierung zu Beginn der
1930er-Jahre gehörte die Doppelbelastung von Beruf und Familie zur normalen weiblichen Biografie.« Die patriarchale Hier-
archie der Geschlechter war wieder zementiert, wenn sie denn
jemals ins Wanken geraten sein sollte.

1924 starb Lenin, in der Folge kam Josef Stalin an die Macht.
Und mit ihm kamen Diktatur, Repression, die brutale Unterdrückung jeder Denk- und Meinungsfreiheit, brutale Säuberungen. Millionen Menschen starben in den Straflagern, den Gulags,
in denen die Häftlinge unter unmenschlichen Bedingungen
arbeiten mussten. Teile der Transsibirischen Eisenbahn wurden ebenso von Gefangenen erbaut wie der Weißmeer-Ost-
see-Kanal. Viele Häftlinge starben an Hunger und Entkräftung.
300 Gramm Schwarzbrot und einen Teller Suppe gab es pro
Tag – bei schwerster körperlicher Arbeit.

Die traditionelle Frauenrolle wurde in der Sowjetunion zur
Staatsdoktrin, so die Historikerin Brigitte Studer im Aufsatz
»Gleichberechtigung nach 1917?«.

»Die üblicherweise Frauen zugeschriebenen Werte und Ver-
anlagungen wurden aufgewertet, da das stalinistische System
nun die angebliche Bereitschaft von Frauen zur Selbstauf-
opferung um des Familienwohls willen als unentbehrlich für
die Lebensfähigkeit der sowjetischen Gesellschaft bezeichnete.
Zugleich wurde die Identifizierung der Frau mit ihrer Rolle als
Hausfrau und Mutter, die die Bolschewiki in den Jahren nach der
Revolution noch als reaktionär betrachtet hatten, gefördert. Die
Hausfrau stellte nun keine potenzielle Bedrohung mehr für die
Politik und die Ziele des Regimes dar, sondern diente im Gegen-

teil als Mittel zu deren Umsetzung. Im Bestreben, die sowjetische Gesellschaft zu ›zivilisieren‹, um ›Kultiviertheit‹ zu fördern, fiel der ›Neuen Frau‹ die Hauptrolle zu. Es war ihre Aufgabe, das Leben zu ›schmücken‹, wie Stalin sich ausdrückte. Und es war ihre Pflicht, es mittels Mutterschaft zu reproduzieren – eine gesellschaftliche Funktion, aufgewertet durch die Einbeziehung von ›staatlichem Schutz der Interessen von Mutter und Kind‹ in Artikel 122 der sowjetischen Verfassung von 1936.«

Die den Frauen unter Stalin zugedachte Rolle als Fortpflanzerinnen und liebende Mütter bedeutete allerdings nicht, dass sie nicht mehr erwerbstätig sein mussten. Brigitte Studer zitiert die Zeitschrift »UdSSR im Bau«, die es 1935 so ausdrückte: »Die Freude an der Mutterschaft und die Freude an der Arbeit widersprechen sich in der UdSSR nicht, sondern ergänzen sich.«

Auch nach Ende der Stalin-Ära 1953 blieb die Politik in der Sowjetunion eine Männerbastion. Natürlich hatten Frauen und Männer das gleiche Stimmrecht. Im Obersten Sowjet, dem höchsten Gesetzgebungsorgan, verdoppelte sich der Frauenanteil von 1937 bis 1984 sogar auf 33 Prozent. Doch die eigentliche Macht im Staat lag im Politbüro, dem Exekutivkomitee der Kommunistischen Partei. Und dort gab es keine Frauen. Niemals.

Trotzdem machten über die Jahre einige Frauen in der Politik Karriere, auch wenn es im Vergleich zu den mächtigen, alten Männern eher marginale Karrieren waren.

Elena Stasowa stammte aus einer Adelsfamilie, war gebildet und glaubte an den Kommunismus. Sie war Propagandistin und Organisatorin, unterstütze Lenin im Exil und in Russland. 1919 bis 1920 war Elena Stasowa Sekretärin des Zentralkomitees. Es war die höchste Position, die eine Frau jemals in der Sowjetunion erreicht hat. 1966 starb sie 93-jährig in Moskau.

Auch Maria Kowrigina sollte man erwähnen. Sie stammte aus einer Bauernfamilie und lebte in Tscheljabinsk, einer Großstadt am Ural. Sie hatte eine medizinische Ausbildung und brachte es zur Stabschefin im regionalen Ministerium für Gesundheit und Bildung. 1950 bis 1959 war sie sogar Gesundheitsministerin der Sowjetunion. Die Entkriminalisierung von Abtreibungen war ihr Verdienst. Durch sie gab es finanzielle Hilfen für Familien mit drei und mehr Kindern, der Mutterschaftsurlaub wurde auf 112 Tage erhöht. Nach ihrem Ministeramt wurde Maria Kowrigina Direktorin des Zentralinstituts für Medizinische Fortbildung in Moskau. Sie starb mit 84 Jahren.

Jekaterina Furzewa, eine enge Vertraute von Stalins Nachfolger Nikita Chruschtschow, war wie Elena Stasowa Sekretärin des Zentralkomitees. Sie legte anfangs eine Blitzkarriere hin, scheiterte aber schließlich an Intrigen innerhalb der Partei. 1960 wurde sie zur Kulturministerin ernannt, was sie als Degradierung empfand. Jekaterina Furzewa war eine umstrittene Person in der Sowjetunion. Sie verbot den Verkauf von Schallplatten ausländischer Rockbands, förderte gleichzeitig aber die klassische Kultur, das Ballett und Kunstausstellungen. Der Bau vieler Theatergebäude geht auf ihr Engagement zurück. Das Kulturministerium leitete sie bis zu ihrem Tod 1974.

Zum einem gänzlich anderen Rollenvorbild wurde Walentina Tereschkowa, die Tochter einer Textilarbeiterin und eines Traktoristen. Sie war begeisterte Fallschirmspringerin, arbeitete in einer Spinnerei und besuchte die Abendschule. 1962 bewarb sich Walentina Tereschkowa für die Kosmonautenschule und wurde schließlich die erste Frau im Weltraum. Im Juni 1963 startete sie an Bord von Wostok 6, sie umkreiste die Erde 48-mal. Nach ihrer Landung wurde »Möwe«, so ihr Funkrufname, begeistert

empfangen und mit dem Titel ›Fliegerkosmonaut der Sowjetunion‹ geehrt. So weit die offizielle Wahrheit. In Wirklichkeit
war es ein problematischer Flug. Walentina Tereschkowa litt
unter sogenannter Raumkrankheit, einer Form heftiger Übel-
keit. Die Kosmonautin hielt sich nicht an den Flugplan, zeitweise
riss der Funkkontakt ab. Sergej Pawlowitsch Koroljow, der Chef-
konstrukteur der Raumkapsel, tobte – ganz Mann: »Nie wieder
wird ein Weib in den Kosmos fliegen, nicht zu meinen Leb-
zeiten!« Er behielt recht. Es dauerte fast 20 Jahre, bis die nächste
Kosmonautin, Swetlana Sawizkaja, in der Sowjetunion fliegen
durfte.

Trotzdem: Walentina Tereschkowa machte linientreu Karriere.
Bis 2004 war sie Leiterin des Russischen Zentrums für internationale kulturelle und wissenschaftliche Zusammenarbeit. Bei
der Eröffnungsfeier der Olympischen Winterspiele 2014 in Sot-
schi trug sie mit anderen die Olympische Fahne. Als Abgeordnete
in der Duma, dem russischen Parlament, beantragte sie 2020
mit Erfolg eine Verfassungsänderung zur Lockerung der Amts-
zeitbegrenzung für russische Präsidenten. Es war quasi eine Lex
Putin. Als Duma-Mitglied unterliegt Walentina Tereschkowa
heute den nach dem Einmarsch in die Ukraine vom Westen ver-
hängten Sanktionen. Unter anderem darf sie nicht in die EU einreisen. Sie dürfte es verschmerzen. Walentina Tereschkowa lebt
zurückgezogen in der Nähe von Moskau.

Die wohl größte Reizfigur unter den scheinbar starken Frauen
der Sowjetunion war eine Lehrerin für Philosophie: Raissa Gor-
batschowa. Sie hatte kein Amt, war aber die Frau an der Seite
des mächtigsten Mannes im Staat, die erste echte »First Lady«
der Sowjetunion. Sie war auf den offiziellen Reisen Michail Gor-
batschows dabei, plauderte in perfektem Englisch mit Margaret

Thatcher in Großbritannien und mit Nancy Reagan in den USA. Ihr Mann tat sich mit der englischen Sprache sehr viel schwerer, erinnern sich Zeitzeugen.

Dies alles kann man in vielen Geschichtsbüchern und wissenschaftlichen Arbeiten nachlesen. Sie alle kommen zu ähnlichen Einschätzungen: Nach der Oktoberrevolution starteten die Frauen durch, sie drängten auf wirkliche Veränderungen und ein neues Geschlechterverständnis, auf Gleichberechtigung, wie sie die Bronzestatuen in der Metro-Station Ploschtschad Rewoljuzii symbolisieren. Doch sie scheiterten an den gesellschaftlichen Strukturen, die zaristisch geprägt waren. An Stalin, am barbarischen Zweiten Weltkrieg, in dem 27 Millionen Sowjetbürger starben. Und schließlich an bleiernen Zeiten diverser Politbüros, am Regime der alten mächtigen Männer.

Erst Gorbatschow leitete eine Modernisierung ein, doch das Riesenreich zerfiel. Und schließlich übergab ein müder, trunksüchtiger Präsident Boris Jelzin die Macht in Russland an einen jungen, fast unbekannten Mann: Wladimir Putin.

Wie aber ging es für Frauen in Russland weiter, nachdem ihre in der marxistischen Theorie noch vorgesehene Gleichstellung über Bord geworfen und die Sowjetunion schließlich zerfallen war? Es folgte zunächst eine Phase des Turbokapitalismus. Ein Mann war ein ganzer Mann, wenn er reich, erfolgreich und mächtig war. Und eine Frau war eine ganze Frau, wenn sie die Frau eines solchen Mannes war. Es ist eine Vorstellung, die Russland noch heute prägt. Die Journalistin und Literaturkritikerin Anna Narinskaja hat es in einem Aufsatz für das Moskauer Goethe-Institut gut auf den Punkt gebracht. »Man könnte ein Experiment durchführen und das Publikum befragen, wer Dascha Schukowa ist. Ich versichere Ihnen: Die Antwort wäre nicht, eine bedeutende Galeristin und Publizistin, sondern die Freundin von Abramowitsch.« Die Freundin eines der reichsten Männer der Welt also, einem breiten Publikum bekannt geworden als Besitzer des FC Chelsea, des Fußballclubs, den er wegen der Sanktionen nach dem Einmarsch in die Ukraine verkaufen musste.

Anna Narinskaja vergleicht die Fernsehserie »Sex and the City« mit thematisch vergleichbaren Filmen in Russland. Bei »Sex and the City« geht es um Frauen, die Männer und Sex im Kopf haben, aber gleichzeitig erfolgreiche Karrierefrauen sind. Im russischen Pendant arbeiten die Frauen in einem tristen Büro. »Sie kaufen sich irgendetwas in der Fußgängerunterführung und führen im Allgemeinen ein furchtbares Leben, wobei sie sich über nichts anderes Gedanken machen als über ihre Beziehungen mit Männern.« Und, so Anna Narinskaja: »Jeder Buchladen ist vollgestopft mit Titeln à la ›Wie man es schafft, einen Millionär zu heiraten‹, ›Der Weg in das Herz eines Mannes führt durch den Magen‹ und ›Leg dir ein Image zu, das den Männern gefällt‹.«

Zu diesem Thema gibt es auch einen interessanten Dokumentarfilm. »Schule der Verführung – Drei Geschichten aus Russland« von Alina Rudnitskaya porträtiert junge Frauen aus Sankt Petersburg, die nur ein Ziel haben: einen Mann zu finden. Ein Psychologe hat darin eine Marktlücke erkannt. In teuren Kursen bringt er seinen heiratswilligen Klientinnen bei, wie sie reiche Männer verführen. Dazu müssen die Frauen einen umfangreichen Lehrplan abarbeiten. Wie verhält frau sich sexy? Es geht um Kleidung, um die Art zu tanzen oder die Frage, wie Frauen eine Banane essen sollten. Nicht zuletzt bringt der Psychologe seinen Kundinnen das »Kleine-Mädchen-Schema«

bei: Wenn sie nicht bekommen, was sie wollen, brechen sie in Tränen aus.

Ist das also alles, was die moderne Frau in den Nachfolgestaaten der zerfallenen Sowjetunion ausmacht? Es gibt Gegenentwürfe. Starke Frauen, Kämpferinnen.

Die 29-jährige Julia Zwetkowa beispielsweise. Sie bekommt seit Jahren Strafen, weil sie etwa gleichgeschlechtliche Paare mit Regenbogenmotiven malt.

Die Zeichnungen weiblicher Geschlechtsorgane, für deren Veröffentlichung im Netz das Gericht sie verurteilte, gehören zu einer Sammlung mit dem Titel »Eine Frau ist keine Puppe«. Die Justiz warf ihr Pornografie vor, doch ihre Bilder sind das krasse Gegenteil von Pornografie. Es sind Skizzen von Menstruation, Falten, Dehnungsstreifen, grauen Haaren und Körperbehaarung. Bildunterschrift: »Lebende Frauen haben … und das ist in Ordnung!« Der weibliche Körper sei weit von dem Ideal entfernt, das in Hochglanzmagazinen verbreitet wird, so Julia Zwetkowa. »Frauen sind keine Puppen, und das ist wunderbar.«

Die Künstlerin ist für ihren Einsatz für die Rechte von Schwulen, Lesben, Bi-, Trans- und Intersexuellen (LGBTI) landesweit bekannt. Es gebe viel Hass gegen sie und ihre Mutter, sagt sie. »Das ist schwer auszuhalten. Gedroht wird, uns zu erschießen oder zu verbrennen.« Der Zeitung *Nowaja Gaseta* erzählt Julia Zwetkowa, Polizisten hätten ihr Haus durchsucht und dabei gefilmt. Nach einiger Zeit sei ein Video auf homophoben Websites gepostet worden. Dokumente und Fotos aus der Durchsuchung seien zu lokalen Fernsehsendern gelangt, als vermeintlicher Beleg für die Behauptung, ihre Arbeit ziele darauf ab, Minderjährige zu belästigen. Im November 2019 kommt ein Verfahren gegen sie in Gang – und es schleppt sich dahin.

Bis März 2020 steht Julia Zwetkowa unter Hausarrest. Sie habe nicht einmal einen Arzt aufsuchen dürfen, obwohl sie akute Schmerzen gehabt habe, sagt sie. Ende März 2020 wird der Hausarrest in ein Reiseverbot umgewandelt. Das Verfahren zieht sich weiter hin. Landesweit erhält Julia Zwetkowa viel Unterstützung. Unterschriften werden gesammelt. Eine Petition auf der Seite Change.org für ihre Freilassung unterschrieben bislang über 250 000 Menschen.

Die Künstlerin selbst protestiert gegen die Dauer des Verfahrens und tritt im Mai 2021 in den Hungerstreik. In ihrer Begründung heißt es: »Die Freiheit kann auf viele Arten eingeschränkt werden, von denen einige nicht weniger effektiv sind als eine echte Verhaftung. Das Verbot, eine Stadt zu verlassen, in der Menschen die Straße überqueren, wenn sie sie sehen, ist auch ein Mangel an Freiheit, ganz zu schweigen von der Tatsache, dass es keine Möglichkeit gibt, zu arbeiten oder Kontakte zu knüpfen.«

Erst nach drei Jahren kommt es zu einem Urteil. Julia Zwetkowa wird freigesprochen. Doch die Staatsanwaltschaft legt Berufung ein. Das Verfahren wird weitergehen. »Das sind nicht nur drei Lebensjahre, die man während des Wartens auf eine Gerichtsentscheidung wegnimmt. Es sind drei Jahre harter Kampf, Folter, Morddrohungen, psychischer Druck, Beleidigungen, Isolation, rechtswidrige Freiheitsbeschränkungen, endlose Übergriffe«, so die Zeitung *Nowaja Gaseta*.

Ein anderes Beispiel ist Pussy Riot, die eminent politische Frauen-Punkband. Pussy Riot gründete sich 2011 als feministisches Kollektiv und als Band. Zu den Gründungsmitgliedern zählen Nadeschda Tolokonnikowa, die in Moskau Philosophie studiert hat, die Fotografin Jekaterina Samuzewitsch und die Journalistin Maria Aljochina, die sich in Moskau für Umweltprojekte engagierte. Sie kannten sich aus der Künstlergruppe »Woina«, übersetzt »Krieg«, die mit Straßenkunst provozieren wollte.

Bei Auftritten verlangt Pussy Riot kein Honorar. Es sind Protestveranstaltungen, fast immer illegal. Es geht gegen frauenfeindliche Politik, gegen die konservative Kirche, gegen Putin. Und für Menschenrechte, für die Rechte von Schwulen und Lesben. 2011 nahmen Pussy-Riot-Mitglieder an der verbotenen Gay-Pride-Demonstration in Moskau teil. Sie wurde von der Polizei aufgelöst, Jekaterina Samuzewitsch und Nadeschda Tolokonnikowa kamen in Haft. Damals glaubten 74 Prozent der russischen Bevölkerung, Homosexualität sei eine Perversion, eine Geisteskrankheit. Heute wird die Zahl vielleicht etwas geringer sein. Aber offen schwul oder lesbisch leben? Ein No-Go. Die gleichgeschlechtliche Ehe gibt es in Russland nach wie vor nicht.

Berühmt wurde Pussy Riot für ein Punk-Gebet vom März 2012:

Jungfrau Maria, heilige Muttergottes, räum Putin aus dem Weg. Das Gespenst der Freiheit ist im Himmel. Homosexuelle werden in Ketten nach Sibirien geschickt. Der Geheimdienstchef ist euer Oberheiliger. Lässt Demonstranten unter Geleitschutz ins Gefängnis abführen. Um seine Heiligkeit nicht zu verärgern. Müssen Frauen gebären und lieben.

Genau 41 Sekunden dauerte der Aufritt in der Christ-Erlöser-Kathedrale. Nadeschda Tolokonnikowa und Maria Aljochina mussten dafür ins Straflager. Am 23. Dezember 2013, drei Monate vor Ablauf ihrer regulären Haftzeit, wurden beide freigelassen. Sie fielen unter ein Amnestiegesetz, verabschiedet anlässlich des 20. Jahrestages der russischen Verfassung.

Pussy Riot machte weiter. Immer wieder wurden die Frauen

der Band verurteilt, Maria Aljochina musste 15 kürzere Haftstrafen allein seit dem Sommer 2021 antreten. Seit September stand sie unter Hausarrest, doch im Mai 2022 gelang ihr die spektakuläre Flucht aus Russland über Belarus in den Westen. Sie ließ ihr Handy in der Wohnung eines Freundes und entkam ihren Bewachern, verkleidet in der grünen Uniform eines Lieferdienstes. Der Grenzübertritt nach Litauen gelang erst beim dritten Versuch. Ihren internationalen Reisepass hatten die Behörden einkassiert. Doch ein befreundeter Künstler aus Island hatte, auf welchem Weg auch immer, ein Reisedokument beschafft, das Maria Aljochina de facto den Status einer EU-Bürgerin bestätigte. Die belarussischen Grenzschützer ließen sie schließlich ziehen.

Femen in der Ukraine ist anders als Pussy Riot, hat aber ähnliche feministische Ziele. Leiterin ist Hanna Huzol, die Femen im April 2008 in Kiew gründete. Als Schülerin war sie in einer marxistischen Gruppe aktiv, studierte später Soziologie in Kiew. Angetan war sie von August Bebels Buch »Die Frau und der Sozialismus«.

Bebel schreibt: »Wir leben im Zeitalter einer großen sozialen Umwälzung, die mit jedem Tage weitere Fortschritte macht. Eine stets stärker werdende Bewegung und Unruhe der Geister macht sich in allen Schichten der Gesellschaft bemerkbar und drängt nach tiefgreifenden Umgestaltungen. Alle fühlen, dass der Boden schwankt, auf dem sie stehen. Eine Menge Fragen sind aufgetaucht, die immer weitere Kreise beschäftigen, über deren Lösung für und wider gestritten wird. Eine der wichtigsten dieser Fragen, die immer mehr in den Vordergrund tritt, ist die Frauenfrage. Bei dieser handelt es sich um die Stellung, welche die Frau in unserem sozialen Organismus einnehmen soll, wie sie ihre Kräfte und Fähigkeiten nach allen Seiten entwickeln kann, damit sie ein volles, gleichberechtigtes und möglichst nützlich wirkendes Glied der menschlichen Gesellschaft werde.«

Auch begeistert Hanna Huzol die Schlussfolgerung von Bebel: »Eine gründliche Umgestaltung unserer sozialen Zustände und durch sie eine gründliche Umgestaltung in der Stellung der Geschlechter ist notwendig.« Klingt sehr modern. Doch wie diese Umgestaltung bewerkstelligen? Das lernt Hanna Huzol in ihrem Brotberuf: Ihr Studium verdient sie sich als Tourmanagerin diverser ukrainischer Popbands.

Bald kann man auf der Website von Femen Kaffeebecher und T-Shirts mit dem Femen-Emblem kaufen. Femen-Frauen präsentieren sich mit nackten Brüsten, den Oberkörper mit Parolen bemalt. Der weibliche Körper als Waffe. Zunächst treten Femen-Aktivistinnen nur in der Ukraine auf. Mit der Parole »Die Ukraine ist kein Bordell« protestieren sie gegen Sextourismus und fordern die Bestrafung von Männern, die zu Prostituierten gehen. Die ukrainischen Behörden verweigern die Anerkennung als Organisation. Was Femen macht, sei als »Aufruf zur Störung der öffentlichen Ordnung« zu verstehen. In der Zwischenzeit gibt es Femen-Gruppen in vielen Ländern.

»From Hell to Hell«, von einer Hölle in die nächste, nennt sich eine Femen-Aktion vom März 2022 zum Krieg in der Ukraine. Eine Frau protestiert mit nacktem Oberkörper, bemalt mit ebendiesem Slogan. Auf ihrer Website begründet dies Femen so: »Derzeit fliehen Hunderttausende Frauen aus der Ukraine, um dem Krieg zu entkommen. Sie fliehen nicht nur vor Tod und Zerstörung, sie fliehen auch vor sexualisierter Gewalt. Vergewaltigung ist ein integraler Bestandteil des Krieges. Wie bei jeder Vergewaltigung geht es um Macht, darum, die Frau zu beherrschen, sie zu brechen, Schande über sie zu bringen. Im Krieg soll Vergewaltigung die Moral des Feindes schwächen und die Gesellschaft destabilisieren. (…) Männergewalt ist ein weltweites Grauen, das sich fernab des Krieges nur besser tarnen kann. Die Gewalt findet hier hinter verschlossenen Türen statt und wird mit Euphemismen wie Sexarbeit beschrieben. Und so wundert sich niemand über die traurige Realität, dass Freier sich seit Wochen online die Hände reiben und sich in ihren Freierforen auf ›Frischfleisch‹ aus der Ukraine freuen.«

Pussy Riot und Femen – die Bedeutung beider Frauengruppen, die vielfältigen, oftmals krassen Protestformen, fasst die Historikerin Carmen Scheide so zusammen: »Beide zeigen auf, dass Proteste von Frauen gesellschaftliche Grundkonstanten radikaler infrage stellen als ›normale‹ Aktionen. Da beide Kunstkollektive radikale Inszenierungen wählen – Karnevalsrituale und matriarchale Zeichensysteme –, erlangen sie neben einem hohen Wiedererkennungswert auch eine große mediale Aufmerksamkeit (wie es aber auch Rihanna, Miley Cyrus oder Nina Hagen erlebt haben). Pussy Riot besteht aus Politaktivistinnen, die sich als NGO bezeichnen, während Femen es geschafft hat, in vielen Ländern eigene Gruppen aufzubauen, die aber vor allem visuelle Kunst mit plakativen Parolen performen. Ihre typischen Zeichen – bunte Sturmhauben, Punkgebete und weibliche Göttlichkeit – gehen sowohl in die Massenkultur wie in die Popkultur über. Damit schließt sich ein Zirkel, Kultur als Zirkulation von Praxis und Erfahrung, als Aneignungs- und Transformationsprozess zu verstehen.«

KOMMENTAR

FRAUENBEWEGUNGEN, FEMINISMUS UND EMANZIPATION

Zu Beginn der 1970er Jahre bildete sich kurz eine Frauenbewegung in Leningrad, dem heutigen St. Petersburg. Themen gab es ausreichend, etwa ungleiche Löhne, vielfache Diskriminierungen, sexuelle Gewalt, fehlende Sexualaufklärung oder Zugang zu Machtpositionen. Erst in der Perestroika, in den 1980er Jahren, formierte sich aus Wissenschaftlerinnen eine neue Frauenbewegung, die jedoch keine breite Verankerung in der Gesellschaft hatte. Begriffe wie Emanzipation oder Feminismus waren durch die sowjetische erzwungene Gleichstellung diskreditiert, die durch die Doppelbelastung den Frauen vor allem Nachteile gebracht hatte. Der Staatsfeminismus hatte immer mit einer hohen Zahl weiblicher Arbeitskräfte, Zugang zu Bildung für alle, einer Legalisierung von Abtreibungen oder den Schutz von Mutter und Kind die Errungenschaften für sowjetische Frauen propagiert. Doch gerade in der Perestroika gab es auch den Wunsch einiger Frauen, selbstbestimmt über die eigene Lebensform zu entscheiden oder männliche Dominanz zu hinterfragen. Westliche Feministinnen waren zudem irritiert, dass traditionelle Formen von Weiblichkeit wie bestimmte Schönheitsideale, Glamour und Konsum oder die Heirat mit einem reichen Mann, der Statussymbole und ein luxuriöses Leben versprach, stark favorisiert wurden.

Politik war in der Sowjetunion nahezu ungebrochen männlich konnotiert, den höchsten Anteil an Frauen in der Kommunistischen Partei hatte es unmittelbar nach der Revolution 1917 gegeben. In vielen postsowjetischen Ländern ist die Familie auch heute eine wichtige soziale Bezugsgröße, was Mutterschaft als natürliche weibliche Aufgabe umfasst und alternative Lebensentwürfe marginalisiert. Eine protektionistische Frauenpolitik wird fortgesetzt, und besonders in autoritären Staaten wie Russland, Belarus oder Aserbaidschan ist der Zugang zu Macht und Politik für Frauen erschwert.

KAPITEL 3

SOWJETUNION – NATALIA MYURISEP, EINE FRAU AUS DER ELITE ERZÄHLT

Meiner Frau Erika fiel sie gleich auf, die elegante, gut gekleidete Frau am Abfluggate des Flughafens Köln-Bonn. Sie war eine Erscheinung unter den Passagieren, die im Sommer 2019 in den Billigflieger Richtung Moskau stiegen. Wir kamen miteinander ins Gespräch. In Moskau trafen wir sie wieder und haben seither viel zusammen unternommen.

Heute habe ich das große Glück, Natalia Myurisep, genannt Natascha, meine Freundin nennen zu dürfen: eine Frau, die die letzte Phase der Sowjetunion in höchsten politischen Kreisen miterlebt hat. Sie stammt aus einer Diplomatenfamilie in Estland, ihr Großvater war dort sogar Ministerpräsident. Dadurch konnte sie in Moskau an der Diplomatenhochschule studieren. Einer ihrer Kommilitonen damals war Sergeij Lawrow, seit langen Jahren Außenminister Russlands.

Über die Zeit wurde Natascha unsere streitbare Gesprächspartnerin in vielen wertvollen Diskussionen. Auch über dieses Buch haben wir oft diskutiert, vor allem über die Frage: Was ist eine starke Frau? Was war eine starke Frau damals, in der Sowjetunion? Natascha präsentierte uns viele Namen von Frauen, die vor allem eines gemeinsam hatten: Sie waren mit mächtigen Männern der damaligen Elite verheiratet. Die bei Weitem interessanteste Geschichte, so stellten wir schon bald fest, ist allerdings Nataschas eigene. Es ist die Geschichte einer starken Frau, die gegen alle Widerstände Diplomatin werden wollte. Und die sicher auch eine gute Diplomatin geworden wäre, wäre es denn dazu gekommen. Natascha erzählte uns ihre Geschichte so:

Meine schöne und sehr glückliche Kindheit fand im Juli 1971 ein Ende. Bis dahin war ich Mitglied einer privilegierten Familie und gehörte der Elite an. Danach musste ich eigenständig meinen Weg gehen. Ich kam nach Moskau und wollte am Institut für Auswärtige Angelegenheiten studieren, der Diplomatenhochschule. Ich war mir sicher, dass ich alle vier Aufnahmeprüfungen bestehen würde, ich hatte mich darauf vier Jahre vorbereitet, in allen Fächern: Russische Literatur, Englische Sprache, Geschichte und politische Geografie.

Mein Großvater väterlicherseits hatte mich dazu motiviert, nachdem er mich in seiner Bibliothek beim Lesen erwischt hatte. Ich hatte mich in »Vom Kriege« vertieft, den Klassiker des preußischen Heeresreformers Carl von Clausewitz. Damals war ich 14 oder 15 Jahre alt. Am nächsten Tag hat mich mein Großvater beiseitegenommen und mir vom Moskauer Institut für Ausländische Angelegenheiten erzählt. Aus seiner Sicht wäre dies das Richtige für mich.

Ab dem Moment habe ich an nichts anderes mehr gedacht – die Meinung meines Großvaters war das Wichtigste für mich. Nicht nur, weil er Ministerpräsident von Estland war – von 1951 bis zu seinem plötzlichen Tod am 5. Oktober 1970 –, er war auch von 1951 bis 1962 Außenminister der Estnischen Republik, deren Souveränität vom Westen allerdings nicht anerkannt war.

Estland war damals eine Republik innerhalb der Sowjetunion. Allerdings eine, in der es der Staatsmacht weniger gut als andernorts gelang, die Menschen von westlichen Einflüssen abzuschotten. Auf der anderen Seite der Ostsee, nur 80 Kilometer entfernt, liegt Finnland. Die estnische und die finnische Sprache sind sich ähnlich, finnische Radio- und Fernsehsendungen konnten die Esten problemlos empfangen und verstehen.

Mein Vater war Kapitän zur See, Offizier der Kriegsmarine und Bauingenieur von Beruf. Er war viel unterwegs. Wenn er zu Hause war, war er ein guter Vater, aber er hat sich in Familienfragen völlig auf meine Mutter verlassen. Leider hielt meine Mutter nichts von meinen Plänen, an der Diplomatenschule zu studieren. Doch davon ließ ich mich nicht beirren, ich blieb dem Wunsch meines Großvaters treu. Er war es, der meine Persönlichkeit am tiefsten geprägt hat. In den nächsten vier Jahren war ich nicht nur die Beste in der Schule, sondern habe darüber hinaus sehr viel gelernt und geleistet.

Doch die Realität war anders, als ich mir das, kaum 17 Jahre alt, vorgestellt hatte. Die ersten drei Aufnahmeprüfungen hatte ich mit besten Noten zwar geschafft, aber im Fach Politische Geografie habe ich nur eine Vier bekommen, die zweitbeste Note, und hatte damit keine Chance auf die Zulassung zum Studium.

Von der estnischen Vertretung in Moskau, wo ich wohnte, habe ich zu Hause angerufen und mitgeteilt, dass ich die Hoffnungen meines Großvaters nicht erfüllt habe, ihn enttäuscht habe. Meine Verzweiflung war nicht zu beschreiben. Dass mein Großvater selbst dies nicht mehr erlebte – er war zehn Monate zuvor verstorben –, war kein Trost für mich.

Am selben Tag rief allerdings auch ein früherer Freund meines Großvaters, Michail Georgadze, bei meiner Mutter an. Sie erzählte ihm, dass ich Geld gespart hatte, um gegen ihren Willen nach Moskau zu fahren und dort Diplomatie zu studieren, dass dieser Traum aber gerade gescheitert war. Georgadze meldete sich daraufhin bei mir. Bereits am nächsten Tag stand mein Name auf der Liste derjenigen, die zum Studium zugelassen waren.

Michail Georgadze, der Natascha mit einem Anruf auf die Liste bringen konnte, war unter Leonid Breschnew Sekretär des Präsidiums des Obersten Sowjets und damit ein mächtiger Mann. Doch als Breschnew 1982 starb, ging sein Nachfolger Juri Andropow stärker gegen die grassierende Korruption im Land vor. Schnell stellte sich heraus, dass Georgadze nicht nur mächtig, sondern durch Bestechungsgelder auch unendlich reich geworden war. Ein Verfahren wurde eröffnet, und die Ermittler staunten nicht schlecht, was sie in seinem Haus fanden: ganze Haufen an Schmuck und Diamanten, 100 Goldbaren – jeder 20 Kilogramm schwer –, dazu Abermillionen Rubel Bargeld und wertvolle Gemälde von Künstlern wie Leonardo da Vinci. Seinen Prozess wartete Georgadze nicht ab. Am 23. November 1982 erschoss er sich. All dies weiß Natascha heute. Damals kannte sie ihn als großväterlichen Freund und Unterstützer.

Vom 1. September 1971 bis zum 13. Juli 1976 war ich Studentin der Völkerrechtlichen Fakultät beim Institut für Auswärtige Angelegenheiten des Außenministeriums der UdSSR. Mein Diplom, das ich am 13. Juli 1976 mit summa cum laude absolviert habe, liegt immer noch in einer Schublade meiner Moskauer Wohnung.

Das Diplom allerdings nutzte Natascha nichts. Die Studentin aus Estland konnte nicht in den diplomatischen Dienst eintreten, von dem sie lang geträumt hatte. Mit dem Ende ihres Studiums lief zudem die Aufenthaltsberechtigung ab, die sie in Moskau benötigte. Um dennoch dort bleiben zu dürfen, benötigte Natascha, diese eigentlich doch so starke Frau, erneut die Hilfe eines mächtigen Mannes. Diesmal griff ihr Losif Solomonowitsch Ravitch unter die Arme, stellvertretender Minister für Telekommunikation der UdSSR und ein Freund ihrer Mutter. Natascha konnte in Moskau bleiben. Sie bekam einen Job als Juristin im Department für auswärtige Beziehungen des Ministeriums, der lausig bezahlt war.

Ich bekam 90 Rubel im Monat. Dafür konnte man sich ein kleines Zimmer in einem Wohnheim leisten, das kostete 36 Rubel, und das Essen. Ich musste lange sparen, bis ich mir Stiefel kaufen konnte. Ich war bei jedem Wetter mit kaputten Winterstiefeln draußen.

Ein Bekannter aus Studienzeiten war damals ein gewisser Alischer Usmanow. Er hatte einen Tag vor mir Geburtstag, so erzählt Natascha. »Wir feierten die Geburtstage zusammen. Ich habe ihm ein, zwei Rubel gegeben, da er immer hungrig war. Das war damals schon viel Geld für uns.« Heute ist Usmanow einer der reichsten Männer der Welt. Nach dem Forbes-Rating von 2022 beträgt sein Vermögen 15,5 Milliarden US-Dollar.

Auch wenn ihr die diplomatische Laufbahn verwehrt blieb, ging 1978 zumindest Nataschas wissenschaftliche Karriere weiter. Sie ergatterte eine Stelle als Lehrkraft für »Völkerrecht und diplomatisches Protokoll« am Lehrstuhl für Staat und Recht der Außenhandelsakademie. Zwei Jahre später wurde sie Dozentin.

Die Jahre von 1978 bis 1991 waren die schönsten meiner Karriere. Genauso faszinierend war diese Zeit auch in meinem privaten Leben. Am 25. Juni 1977 habe ich Slava kennengelernt. Er hat mich als Persönlichkeit fasziniert. Sein intellektuelles Niveau war nur mit dem meines Großvaters zu vergleichen. Und außerdem war er ein Mann, ein richtiger Mann! Ein richtiger Mann ist ein Unterstützer in allen Lebenslagen.

1983 heirateten die beiden, zwei Jahre später kam die Tochter Maria auf die Welt. Slava, der geliebte Ehemann, das war der inzwischen verstorbene hochrangige KGB-General Wjatscheslaw Keworkow. Im politischen Tauwetter zum Ende des Kalten Krieges hatte er einen politisch hochbrisanten Auftrag. Er baute einen »Back channel« auf, einen geheimen Kanal in Richtung Westen, und verhandelte mit dem SPD-Politiker Egon Bahr vertraulich über viele Detailfragen einer neuen Ostpolitik, einer Annäherung der Systeme.

Dieser inoffizielle Kanal sollte sich als entscheidend erweisen. Schließlich konnten der deutsche Bundeskanzler Willy Brandt und der damalige sowjetische Machthaber Leonid Breschnew direkt miteinander sprechen. Der Rest ist Geschichte. Brandts Kniefall am Ehrenmal für die Toten des Warschauer Ghettos in Polen stand sinnbildlich für den Aufbruch in eine neue Epoche – und sorgte so auch dafür, dass Moskau die moderne Stadt ist, in der ich noch immer gerne lebe. Für Natascha und ihren Mann waren es gute Jahre. Slava wechselte zur Nachrichtenagentur TASS auf eine Führungsposition.

Das war die glücklichste Zeit seines Lebens, dort war er hochgeachtet und geliebt. Doch dann kam der 19. August 1991, der August-Putsch in der Endphase der Sowjetunion. Morgens um sechs Uhr hat es bei uns an der Tür geklingelt, wir waren in unserem Landhaus. Ich war erschrocken, alle haben doch gewusst, dass ich keine Frühaufsteherin bin. Vor der Tür stand Walentin Falin, unser Nachbar und ein alter Freund meines Mannes. Falin war zu dieser Zeit Sekretär des Zentralkomitees der KPdSU. Zuvor war er von 1971 bis 1978 Botschafter in Deutschland. Er wollte, dass ich den Fernseher einschalte, aber der Bildschirm war schwarz, man hörte nur die Musik aus »Schwanensee« von Tschaikowskiy. Walentin hat mir erzählt, was los ist.

Eine Gruppe konservativer Parteifunktionäre versuchte, den im Urlaub auf der Krim weilenden Michail Gorbatschow abzusetzen und die Macht zu übernehmen. Die alte Sowjetunion sollte wieder auferstehen, Schluss mit Modernisierung, Schluss mit Perestroika und Glasnost. Nach drei Tagen wurde der Putsch niedergeschlagen, doch er beschleunigte den endgültigen Zerfall der Sowjetunion. Natascha erinnert sich noch an die Panzerkolonnen in Richtung Innenstadt. Am Vormittag des 19. August fuhr sie mit dem Auto von ihrem Landhaus ins Moskauer Zentrum.

Auf der rechten Fahrbahn fuhren die Panzer, auf der linken Spur fuhren wir, die Autofahrer. Kurz vor dem Moskauer Ring, am Hotel Moschaiskij, stand die Ampel auf Rot, und all die Panzer hatten angehalten. Wegen einer roten Ampel! Plötzlich erschienen von links und rechts die Babuschkas, alte Frauen, mit Essen und Trinken. Sie haben Kuchen und Wodka auf die Panzer gelegt. Die Soldaten standen unter dem Befehl der Putschisten, aber sie wussten nicht, was sie tun sollten. Das waren doch noch kleine Jungs!

In Moskau und in Leningrad, dem heutigen Sankt Petersburg, demonstrierten die Menschen. Boris Jelzin, der Präsident Russlands innerhalb der Sowjetunion, kletterte auf einen Panzer und hielt eine Rede, die weltberühmt wurde. Zu den Soldaten sagte er: »Werdet nicht zur blinden Waffe des verbrecherischen Willens von Abenteurern!« Am 21. August bekannte sich die Mehrheit der Soldaten zu den Demonstranten, der Putsch war gescheitert.

Für Nataschas Mann allerdings hatte das Ganze ein Nachspiel. Ihm wurde vorgeworfen, er habe Jelzins Rede in einer TASS-Meldung nur zusammengefasst und nicht vollständig verbreitet.

Unser Haus wurde durchsucht, das Büro meines Mannes. In einer Schublade haben die Polizeioffiziere mehrere Patronen gefunden. Der beste Freund meines Mannes, der berühmte Schriftsteller Julian Semjonow, hatte sie in den 70er-Jahren aus Afghanistan mitgebracht und meinem Mann geschenkt. Jedenfalls musste Slava einige Tagen im Gefängnis bleiben, und ich flog mit unserem Kind nach Berlin. Glücklicherweise waren unsere Reisepässe bereits fertig, da mein Mann ab 1991 als Büroleiter der TASS für alle deutschsprachigen Länder – Deutschland, Österreich und die Schweiz – akkreditiert worden war.

Wjatscheslaw Keworkow starb am 9. Juni 2017 in Bonn. Natascha lebt zwischen beiden Welten, der russischen in Moskau und der deutschen am Rhein. Ihr Weg sei geprägt »von intellektuellen Männern und meiner eigenen Strebsamkeit. Ohne diese Ingredienzien kommst du nicht durch als starke Frau«, sagt sie.

Natascha hat noch einen weiteren historischen Moment miterlebt. Es war der 31. Dezember 1999. Der Tag, an dem Boris Jelzin in Russland die Macht an Wladimir Putin übergab.

An dem Tag hat uns vormittags unser Generalkonsul in Bonn angerufen und gefragt, ob wir spätabends zur Silvesterparty kommen wollten. Kurz vor Mitternacht waren wir im Generalkonsulat und haben die Rede von Jelzin, Gott sei Dank, die letzte, live miterlebt. Danach haben wir bis spät in der Nacht gefeiert. Keiner wusste, wer dieser Putin war, allen war aber klar, eine größere Schande für unsere russische Integrität und Würde als Jelzin kann es nicht geben.

KAPITEL 4

RUSSLAND – KAMPF GEGEN DIE WINDMÜHLEN DER BÜROKRATIE

Moskau, die Stadt, in der ich lebe und arbeite, ist eine liebenswerte und moderne Metropole. Zumindest solange man es nicht mit der Bürokratie zu tun hat. Moskau liebenswert? Eine kühne These, mögen die Menschen in Deutschland sagen, die dem täglichen Trommelfeuer des Russland-Bashings im Netz und in manchen Medien ausgesetzt sind. Es stimmt aber: Ich lebe gern in dieser Stadt. Nach wie vor.

Moskau war schon zu Zaren- und Sowjetzeiten besser versorgt als andere russische Städte. Daran hat sich nach dem Kollaps der Sowjetunion nichts geändert. Doch rund einen Monat nach Beginn der »Spezialoperation« in der Ukraine, wie man den Krieg hierzulande nennt, spüren wir auch hier erste Auswirkungen der Sanktionen des Westens. Manche Importwaren werden knapp. Im »Perekrestok«, einer Supermarktkette in Russland, kaufen wir gern einen speziellen französischen Likör. Plötzlich ist er aus dem Regal verschwunden. Nachfrage bei der für die Alkoholika zuständigen Verkäuferin. Sie sagt, das Produkt könne morgen, in zwei Wochen oder auch nie wieder verfügbar sein. Ob es daran liegt, dass der Likör als europäisches

Produkt nicht mehr eingeführt wird, hake ich nach. »Dazu kann ich nichts sagen«, erklärt sie, zur Sicherheit gleich mehrfach. Gut, keinen Likör mehr, der Rest aber ist reichlich vorhanden. Obst und Gemüse, Fleisch und Fisch.

Mit seinen immer neuen Sanktionspaketen glaubt der Westen, Putin die finanziellen Mittel für seinen Krieg entziehen zu können. Doch das ist ein Irrglaube. Die Sanktionen bewirken zweierlei: In Deutschland verteuern sie Lebensmittel und das Heizen. Und in Russland stürzen sie arme Menschen noch tiefer in die Armut, vor allem in der Provinz. Denn das Leben im Land der niedrigen Löhne und Renten wird teurer.

Die Oligarchen dagegen haben ihr Geld längst dort, wo keine Sanktion hinreicht. Und Russlands Präsident Putin sitzt nach wie vor fest im Sattel. Die wegbrechenden Öl- oder Gasexporte in die EU kann er mit Leichtigkeit kompensieren. Denn der Gaspreis steigt und der russische Staatsfonds, quasi die Finanzreserve, ist prall gefüllt.

Die wachsende Armut allerdings entwickelt sich zunehmend zum Problem in Russland. Armut ist ein Thema, das mich schon meine ganze Korrespondentenzeit über beschäftigt. Ihre Ursachen sind oft in der korrupten Bürokratie zu finden. Gelder, die zur Bekämpfung von Armut bestimmt sind, haben in Russland die Eigenheit, regelmäßig irgendwo zu versickern. Wie überall in der Welt sind es vor allem Frauen, die von Verarmung besonders betroffen sind. Doch es sind auch starke Frauen aus der Zivilgesellschaft, die dagegen ankämpfen.

Schon vor dem Krieg lebten 20 Millionen Menschen von insgesamt 144 Millionen Russinnen und Russen unterhalb der Armutsgrenze von rund 100 Euro pro Monat. Sozialleistungen, die mit den deutschen vergleichbar wären, gibt es hier nicht.

Gerade Rentnerinnen und Rentner sind auf private Hilfsorganisationen angewiesen. Nicht anders ergeht es Kranken, Alleinerziehenden oder Menschen mit behinderten Kindern.

Im Dezember 2020, lange vor dem Krieg und den Sanktionen, fahre ich für das ARD-Europamagazin nach Woronesch, eine Industriestadt, 500 Kilometer südlich von Moskau. Dort treffe ich eine der Kämpferinnen gegen die Armut im Land. Lubow Wolkowa war eine erfolgreiche Unternehmerin. Jetzt ist sie im Ruhestand und bringt gespendete Lebensmittel zu Menschen wie Nina Fedorowna, deren karge Rente kaum zum Überleben reicht. Gerade mal 100 Euro bleiben ihr nach Abzug der Miete im Monat, sagt sie. »Kleidung kaufe ich nicht, und auch keine teuren Lebensmittel. Irgendwas Billiges halt. Fleisch fast nie. Manchmal vielleicht etwas Schweinefleisch.« Außerhalb der Stadt hat sie einen kleinen Garten, in dem sie Gemüse anbaut, für den Winter, der hart sein kann in Woronesch. Doch in diesem Jahr hat Nina Fedorowna nur Tomaten. Die Gurken sind vertrocknet.

In einer kleinen Kirche in Woronesch hat Lubow Wolkowas Hilfsorganisation »Lebensmittel-Spende« ihr Hauptquartier. Lubow Wolkowa macht das, wofür der Staat eigentlich zuständig wäre: Sie sorgt dafür, dass die Menschen nicht Hunger leiden. Sie kämpft gegen die Bürokratie in der Stadtverwaltung, die Hilfe verweigert. Heute hat sie einen langen Tag vor sich. Zusammen mit ihren Unterstützern sortiert sie Lebensmittel, die örtliche Unternehmen gespendet haben, und packt sie in Tüten. »Nicht in jeder ist das Gleiche«, sagt sie. »Es sind hauptsächlich Lebensmittel mit langer Haltbarkeit, Getreideflocken, Nudeln, Mehl, Sonnenblumenöl, Tee. Grundnahrungsmittel also.«

Die Armen, die Lubow Wolkowa unterstützt, stehen nicht

etwa am Rande der Gesellschaft. Alleinstehende sind unter ihnen, Rentnerinnen und Rentner. »Heutzutage ist unsere Hilfe sehr gefragt«, erzählt sie. Die Lebensmittel bekommt sie von einer Vielzahl von Spendern. Bei aller Armut – in Russland sind die Menschen sehr solidarisch. Auch die Händler auf dem Markt im Viertel geben manchmal etwas ab.

Rund 1,3 Millionen Menschen leben in Woronesch, die Stadt zählt zu den zehn ärmsten im Land. Es gibt hier zwar viel Industrie, doch die Wirtschaftskrise trifft die Unternehmen hart. In einer großen Supermarktkette am Stadtrand hat Lubow Wolkowa eine Spendenbox aufgestellt. Die Idee gibt es auch in Deutschland: Die Kunden kaufen Lebensmittel für Bedürftige und legen sie hinter der Kasse in die Box. »Es ist keine große Sache, eine Packung Nudeln zu kaufen. Aber eine große Hilfe für eine Oma, die nicht aus dem Haus kann«, sagt Lubow Wolkowa.

Maria Winogradowa ist alleinerziehend, sie lebt mit ihren fünf Kindern auf 44 Quadratmetern. Ihre Geschichte steht für viele in Russland. »Es ist schon hart. Mein Mann hat mich verlassen. Vorher war es gar nicht so schlecht. Aber jetzt muss ich die Belastung mit den fünf Kindern tragen.« Vorher, das war, bevor ihr Mann wusste, dass das fünfte Kind wieder kein Junge sein würde. Und jetzt? Rund 90 Euro haben sie im Monat, plus ein wenig Kindergeld für die beiden Jüngsten. Die Familie hilft – und manchmal findet Maria Winogradowa ein wenig Arbeit. »Ich verkaufe etwas Kosmetik im Internet. Ich will das hinkriegen. Ich mache selbst Seife, gehe auf den Markt und biete sie an. Manchmal kaufen die Leute etwas.«

Jeden Samstag kocht Lubow Wolkowa für diejenigen, die gar nichts mehr haben, die auf der Straße leben. Vor allem die Altersarmut bedrückt sie. »Der Staat ist verantwortlich für die Armut.

Es wäre anders, hätten wir normale Renten. Doch weil die Renten so niedrig sind, haben wir diese Situation in Russland.« Ob sich das eines Tages ändern wird? Lubow Wolkowa hofft darauf. Sie wird weiter Tag für Tag unterwegs sein zu Menschen, die ohne ihre Arbeit hungern müssten.

Einige Wochen später geht es in das sibirische Jekaterinburg, 2000 Kilometer östlich von Moskau. Ich will Alexandrina Haitowa kennenlernen, eine mutige Frau, die sich wie Lubow Wolkowa dort engagiert, wo der Staat versagt. Die kein Problem damit hat, sich mit den Politikern und der Bürokratie in Jekaterinburg anzulegen. Alexandrina Haitowa kümmert sich um Familien mit behinderten Kindern. Mit deren Situation will sie sich, selbst Mutter eines behinderten Kindes, nicht abfinden. Eigentlich ist sie treue Putin-Anhängerin, Enkelin eines hochrangigen Offiziers der russischen Armee. Doch durch ihr Engagement gerät sie zunehmend in Konflikt mit den Behörden, was ihren Glauben an Gesetz und den Staat erschüttert. »Ich bin anders« nennt sich Haitowas Organisation, in der fast alle ehrenamtlich arbeiten. Ich besuche ihr kleines Büro in der Innenstadt.

Behinderung ist ein Tabuthema in Russland. Behinderte Kinder erhalten von der staatlichen Krankenversicherung nur eine minimale Grundversorgung. »Ich bin anders« unterstützt mit Spendengeldern Eltern, die sich teure Ärzte und Therapeuten nicht leisten können. Die Organisation kämpft mit den Behörden, fordert Zuschüsse, die den Kindern trotz bestehender Ansprüche verweigert werden. Geld sei schließlich da, es komme nur nicht an, sagt Alexandrina Haitowa. »Bedauerlich, dass in der russischen Gesellschaft viel angekündigt und nur wenig gemacht wird. Ich bin kein Detektiv und auch kein Staatsanwalt. Aber ich sehe auf der Website der regionalen Finanz-verwaltung, dass Geld angekommen ist. Doch dieses Geld ist nur schwer zugänglich für mich und die andere Frau, für die es bestimmt ist. Es ist einfach verschwunden.«

Darunter leidet auch die Familie Zhurybeda. Die 13-jährige Anastasija ist schwerbehindert. Die Schwangerschaft ihre Mut-ter Natalja verlief normal, doch bei der Geburt gab es Prob-leme. Anastasija braucht rund um die Uhr Betreuung. Nicht mal ein Glas Wasser kann sie allein trinken. »Stell dir vor: Du wachst eines Tages auf, und die Realität, die du kanntest, ist ver-schwunden. Keiner hilft dir. Die Ärzte, die dich eigentlich unter-stützen und dir Hoffnung geben sollten, auch wenn es nur eine Illusion ist – die machen dich fertig. Sie sagen zynisch: Gebt das Kind weg. Macht einfach ein neues!«

»Gebt das Kind weg« bedeutet: Bringt es in eines der staat-lichen Heime, in denen behinderte Kinder mehr oder minder versorgt werden, ohne Chancen, ohne Zukunft. Das staatliche Gesundheitssystem bietet behinderten Kindern kaum Unter-stützung. Therapien und Hilfsmittel wie etwa ein Rollstuhl müssen privat bezahlt werden. Einige Hundert Euro sind das pro Monat bei den Zhurybedas. Die Situation bringt sie an ihre Grenzen, psychisch, aber auch finanziell. Eigentlich hat Denis Zhurybeda, der Vater, einen guten Job. Bis zur Geburt von Anastasija lebte die Familie sorgenfrei. Und jetzt? »In den letzten fünf Jahren hatten wir keinen Urlaub«, sagt er. »Wir hatten nicht genug Zeit. Und ehrlich gesagt auch nicht genug Geld. All die Hilfsmittel, die unsere Tochter braucht, mussten wir für teures Geld in der EU kaufen. Dabei könnte man sie auch hier in Russland produzieren.« Unterdessen macht sich Natalija mit ihrer Tochter auf zum Einkaufen. Draußen ist sie nicht gern. Denn es ist schwierig, mit dem Rollstuhl voranzukommen. Von einer behindertengerechten Stadt kann Natalija nur träumen.

Auch Anna Bersenewa und ihr Mann Alexander sind angewiesen auf die Unterstützung durch die Organisation »Ich bin anders«. Ihre Tochter Anzhelika leidet an Epilepsie. Sie kann nicht sprechen, Laufen lernte sie erst mit zwei Jahren. Mit der Behandlung im staatlichen Krankenhaus haben die Eltern keine guten Erfahrungen gemacht, sagt Anna Bersenewa. »Die Epilepsie ist im Krankenhaus behandelt worden. Sie war einen Monat lang in der staatlichen Klinik. Da haben sie ihr Medikamente verschrieben, die sie heute noch nimmt. Diese Medikamente haben aber als Nebenwirkung, dass sie ihre Entwicklung verzögern. Das war der Preis, den wir zahlen mussten.«

Dreimal pro Woche besucht Anzhelikas Therapeutin die Familie, bezahlt von Alexandrina Haitowas Organisation. In den Therapiestunden übt das Kind Koordination, es lernt langsam das Sprechen. Ein mühevoller Weg. Über viele Jahre wird Anzhelika diese Hilfe brauchen. Die Therapie kostet umgerechnet 350 Euro pro Monat, hinzu kommen Medikamente und Arztbesuche. Alexander, der Vater, verdient nicht schlecht, er ist Manager in einem Industriebetrieb. Trotzdem kann sich die Familie dies alles nicht leisten. »Wir geben über 300 Euro pro Monat für Medikamente aus«, erzählt mir Anna. »Wir gehen in eine Privatklinik, die einfach mehr Möglichkeiten anbietet. Das sind nochmals bis zu 160 Euro im Monat.«

Am Nachmittag bin ich erneut bei Alexandrina Haitowa im kleinen Büro. Inzwischen, so erzählt sie, sei sie zu einer Kämpferin für die Gerechtigkeit geworden. Was sie fordert, ist einfach, erfordert aber in Russland viel Mut. Dass nämlich die bestehenden Gesetze – gute Gesetze, wie Alexandrina Haitowa sagt – auf der Verwaltungsebene auch umgesetzt werden. »Bedauerlicherweise wird in der russischen Gesellschaft heutzutage viel erklärt und wenig gemacht. Auf höchster Ebene verabschieden sie sehr gute und notwendige Gesetze und statten sie sogar mit entsprechenden finanziellen Mitteln aus. Doch dann müssen diese Gesetze auf regionaler Ebene umgesetzt werden, und dort ist alles vom Wohlwollen der Bürokraten abhängig. Die allein entscheiden, ob sie die Gesetze umsetzen oder eben nicht. Auf alle Fälle berichten sie nach oben, dass sie das tun, dass das Geld ausgegeben worden sei, um den Menschen zu helfen. Sie belegen das möglicherweise sogar mit Zahlen, doch die haben nichts mit der Realität zu tun.«

Alexandrina Haitowa führt inzwischen Gerichtsprozesse gegen die Verwaltung in Jekaterinburg, auch wenn die Erfolgsaussicht in einem Justizsystem, das mit Rechtsstaatlichkeit wenig zu tun hat, gering ist. Es gibt ein Bundesgesetz, nach dem NGOs, die Behinderten helfen, finanziell entschädigt werden können. Präsident Putin hat es persönlich unterzeichnet. Allerdings hat der Sozialminister der Region Jekaterinburg ein Gesetz verabschieden lassen, das dieses Recht stark einschränkt. Dagegen klagt Alexandria Haitowa, sie will bis vor das Verfassungsgericht ziehen.

Aufgeben kommt für sie nicht infrage. Sie will den Staat und die Gesellschaft verändern, will Recht und Gerechtigkeit für Familien mit behinderten Kindern. Eine starke, eine mutige Frau, der zu wünschen ist, dass sie sich durchsetzt und gewinnt. Mit diesem Gefühl verlasse ich Jekaterinburg. Im Kopf noch die Antwort auf die Frage, die ich Natalja gestellt habe, der Mutter der kleinen Anastasija: Hat sie jemals daran gedacht, ihre behinderte Tochter wegzugeben, um wieder ein normales Leben zu führen? Ohne all die Sorgen und Probleme? »Nein, ich wollte mein Kind nie verlassen. Ich kenne aber viele Leute, die das getan haben, weil sie nicht darauf vorbereitet waren. Moralisch, körperlich und nicht zuletzt finanziell. Jeder hat sein eigenes Kreuz zu tragen. Wir leben jetzt damit.« Es sei ein glückliches, großartiges Leben, versichert sie. Mit dieser Aussage endet mein Film über behinderte Kinder in Russland.

Die Ausstrahlung im ARD-Europamagazin liegt einige Monate zurück. Inzwischen gibt es andere Themen. Ich berichte über die diplomatischen Versuche, den Einmarsch in die Ukraine zu verhindern. Dann kommt der 24. Februar 2022, der all diese Versuche ad absurdum führt. Doch ich denke oft an die Dreharbeiten in Woronesch und Jekaterinburg. Je genauer man sich in diesen Tagen in Moskau umsieht, desto stärker fällt die Armut ins Auge.

Es trifft die Ärmsten, natürlich. Die Rentnerinnen und Rentner, aber auch die vielen Arbeitsemigranten aus zentral-asiatischen Staaten. Sie schuften auf Baustellen, bedienen in Läden und Restaurants, bringen per Fahrrad die telefonisch bestellte Pizza. Eine Schattenarmee von Arbeitskräften, ohne die in Moskau nichts gehen würde. Sie bekommen einen Billiglohn oder eine schmale Umsatzbeteiligung, leben in winzigen Zimmern abbruchreifer Häuser und schicken große Teile ihres kargen Lohns nach Hause. Denn viele kommen aus den bettelarmen Ländern Zentralasiens, in denen sie noch weniger verdienen würden.

Einer davon ist Ulan. Er kommt aus Kirgistan, arbeitet in einem Laden und schickt regelmäßig Geld in die Heimat. »Wir haben es vorher schon kaum geschafft, aber jetzt müssen wir ums Überleben kämpfen«, sagt er von sich und seinen Landsleuten. Regelmäßig tauschen sie sich in Internetforen aus. »Jetzt müssen wir über die Runden kommen.« Alles wird teurer, viele Geschäfte schließen wegen der Sanktionen. »Bei diesen Preisen und anstehenden Ausgaben kann ich das Geld nicht mehr wie früher an meine Eltern senden. Ich weiß nicht, wovon sie leben werden.«

Steigende Lebenshaltungskosten in Russland, der unsichere Rubel-Kurs in ihren Heimatländern – Millionen Arbeitsmigranten aus Zentralasien sind davon betroffen. Laut dem Nachrichtenportal Novastan.org sind zwischen Januar und September 2021 allein aus Tadschikistan rund zwei Millionen Menschen auf der Suche nach Arbeit nach Russland gekommen. Das sind 20 Prozent der dortigen Gesamtbevölkerung. Ihre Familien in der Heimat leben von dem, was sie in Russland verdienen. Im Jahre 2020 machten die Überweisungen der Arbeitsmigranten nach Zahlen der Weltbank 26,7 Prozent des gesamten Bruttoinlandsprodukts Tadschikistans aus. Weltweit liegt das Land hinter Tonga und Kirgistan auf Platz drei der Länder, die am stärksten von Auslandsüberweisungen abhängig sind, berichtet Novastan.org. Überweisungen, die jetzt wegbrechen könnten.

Hinzu kommen die seit Beginn des Krieges stark gestiegenen Flugkosten. Viele Billigairlines haben den Betrieb wegen der Sanktionen eingeschränkt, so bleiben oft nur teure Linienflüge. »Viele Arbeitsmigranten sind damit konfrontiert, dass fast alle Flüge gestrichen wurden«, sagt Schamil Tagijew, der Vorsitzende der Aserbaidschanischen Gemeinde in Moskau. »Und die Flüge, die es noch gibt, sind sehr teuer geworden. Für Saisonarbeiter sind 30 000 bis 200 000 Rubel pro Ticket eine unfassbare

Summe.« Das sind zwischen 400 und 2700 Euro. Unbezahlbar für Menschen, die zum Arbeiten nach Russland oder zurück in die Heimat wollen.

Ulan aus Kirgistan sagt, viele seiner Kollegen seien in Panik und diskutierten darüber, ob sie wegen der Sanktionen überhaupt Geldtransfers nach Hause über russische Banken durchführen könnten. Ob das noch geht, weiß niemand so recht. Aber es gebe Arbeitsmigranten, die noch größere Probleme hätten. »Einige meiner Landsleute haben in einem Gruppenchat geschrieben, dass ihre Arbeitgeber sie ohne Bezahlung in den Urlaub geschickt hätten, weil ihre Unternehmen wegen der Sanktionen geschlossen seien.«

Moskau im Frühjahr 2022. Die Lebensmittelpreise sind im Schnitt um neun Prozent gestiegen. Im April liegt die Inflationsrate gar bei 17,5 Prozent. Immer mehr Menschen werden arbeitslos. In der Moskauer Innenstadt, nicht weit entfernt von meiner Wohnung, gibt es eine beliebte Shoppingmall, das Europäiski. Beliebt, weil dort viele der angesagten europäischen Modeketten Filialen hatten. Vor allem am Wochenende war es hier brechend voll, wenn die Kunden und vor allem die Kundinnen aus dem Moskauer Mittelstand durch die Gänge schlenderten.

Inzwischen haben sich die meisten der Modeketten den Sanktionen angeschlossen und ihre Läden im Europäiski dichtgemacht. Viele Verkäuferinnen und Verkäufer sind jetzt arbeitslos. Meine Frau erzählt mir eine Geschichte. In einem der Läden im Europäiski, die noch offen sind, warten Ludmilla und Valentina auf Kundschaft. Sie reden über Belangloses, bis Valentina auf einmal sagt: »Der Krieg ist Scheiße«. Auf den erstaunten Einwurf meiner Frau, man dürfe doch nicht von Krieg sprechen, sondern von einer »Spezialoperation«, macht Valentina mit der

Hand eine Wegwischbewegung und danach eine mit dem Zeige-finger quer zum Mund angedeutete Bewegung. »Wir sprechen nur leise darüber«, sagt sie.

Am Ende eines verwaisten Ganges neben den vielen geschlossenen europäischen Läden hat noch ein Parfüm- und Kosmetikladen geöffnet. Ein verzweifelter Mitarbeiter versucht, mit Duftproben Kunden anzulocken. Mit mäßigem Erfolg. »Es ist deprimierend«, so sagt er. »Vielleicht öffnen die Läden ja wie-der. Aber wann? Keine Ahnung, wenn wieder Frieden ist.«

Der junge Mann erzählt von den Kolleginnen, die in den nun-mehr geschlossenen Läden arbeiteten. Sie wurden zwar – noch – nicht entlassen, aber sie haben jetzt nur noch ihr Grundgehalt von knapp 100 Euro im Monat. Die dringend benötigten Bonus-zahlungen für erfolgreiche Verkäufe fallen weg.

Europa wird wohl nicht zurückkommen, nicht ins Europäi-ski und auch nirgendwo anders hin, zumindest nicht so schnell. Es wird viel zu tun geben für Frauen wie Lubow Wolkowa und Alexandrina Haitowa. Frauen, die kämpfen und sich nicht den Mund verbieten lassen. Viele in Russland, allzu viele, brauchen ihre Hilfe.

KOMMENTAR

ZIVILGESELLSCHAFT UND AUTORITÄRE STAATEN

Im Gegensatz zu westlichen Demokratien ist die Zivilgesellschaft in Russland und Belarus schwach ausgebildet und wird seit 2020 immer stärker eingeschränkt. Dafür lassen sich zwei Gründe anführen: Strukturen für ein bürgerschaftliches Engagement mussten nach dem Zusammenbruch der Sowjetunion 1991 langsam aufgebaut werden und sich entwickeln, was angesichts eines autoritären Politikstils wie in Belarus bereits im Ansatz unterdrückt wurde. Und unter dem »System Putin«, seit dem Jahr 2000, wurden die Räume für zivilgesellschaftliches Engagement massiv rechtlich eingeschränkt.

In der Sowjetunion gab es nur staatlich verordnete gesellschaftliche Gruppierungen, andere Formen von sozialen Bewegungen wurden als Opposition, »Andersdenkende« oder Dissenz verurteilt und verfolgt. Erst seit Perestroika und Glasnost (Umbau und Transparenz), die vom neuen Generalsekretär der KPdSU, Michael Gorbatschow, ab März 1985 als großes Reformvorhaben eingeleitet wurden, entstand zumindest in den urbanen Zentren ein gesellschaftlicher Aufbruch.

Konsequent baute Wladimir Putin auf Grundlage der bestehenden Verfassung seinen Machtapparat aus, indem er parallel zum Parlament eine große Präsidialverwaltung schuf, die allein der Kontrolle des Präsidenten untersteht. Die Stärke des Staates beruht nach seiner Vorstellung auf der Vertikale der Macht, einem klugen Führer des Volkes und einer starken Nation. Sein politisches System, das Züge einer Autokratie trägt, nannte er »gelenkte Demokratie«.

Somit war es ein konsequenter Schritt, zivilgesellschaftliche Organisationen stärker an den Staat zu binden und gleichzeitig auch zu disziplinieren. Dabei spielte Putin zwei miteinander konkurrierende Konzepte bürgerschaftlicher Partizipation aus: Gesellschaft als staatliche, organisierte Veranstaltung und Nichtregierungsorganisationen (NGO). 2001 rief er ein Bürgerforum im Kreml ein, das besonders von Nichtregierungsorganisationen wie Memorial oder der Moskauer Helsinki-Gruppe kritisiert wurde. Die Gegenargumente lauteten, der Staat könne nicht in die Organisation von Zivilgesellschaft eingreifen, eine zentrale Organisation nach dem Top-down-Prinzip widerspreche gesellschaftlicher Partizipation.

Der Staat reagierte auf die divergierenden Meinungen mit einer Marginalisierung gerade von Menschenrechtsgruppen, die zudem als widerspenstig und illoyal gebrandmarkt wurden. In Putins Vorstellung von Zivilgesellschaft und Umgang mit divergierenden Meinungen lassen sich durchaus Parallelen zum Sowjetsystem ausmachen.

Solange Putin an der Macht ist, kann es nur eine gelenkte Zivilgesellschaft geben, die sich an die staatlichen Vorgaben und Normen hält. Unabhängige Organisationen, divergierende Meinungen und politisches Engagement, das von der Kreml-Linie abweicht, haben es schwerer als zuvor in Russland und verlangen wie in der Sowjetunion auch ein hohes Maß an Mut und persönlicher Opferbereitschaft. Oftmals bleibt nur die Kultur als Ausdrucksmittel für Protest, politische Meinungen oder Kritik. Dann werden Farben wie bei den Nationalflaggen der Ukraine und von Belarus, blutverschmierte Kleider, die auf Vergewaltigungen von Frauen verweisen, oder Tassen zu Symbolen eines zivilen Ungehorsams. Lediglich soziale NGOs werden gefördert, da der Staat Dienstleistungen im Bereich Wohlfahrt und Sozialfürsorge abgeben kann und sie keine politische Agenda verfolgen.

KAPITEL 5

BELARUS –
REVOLUTION IN ROT-WEISS

Hotel Belarus, am Rande des Zentrums von Minsk. Zimmer 1503 im 15. Stock ist für viele Wochen mein Zuhause. Von dort hat man einen guten Blick auf eine große Straßenkreuzung und das nahe gelegene Kriegerdenkmal. Also auf den Ort, an dem sich Sonntag für Sonntag die Demonstrierenden versammeln.

Ich bin in Belarus, auch unter dem Namen Weißrussland bekannt. Unter den Kollegen haben wir zuvor diskutiert, wie wir das Land in der Berichterstattung bezeichnen. Belarus ist der eigentliche Name. Ein Land, das souverän und unabhängig von Russland ist (noch, muss man aus heutiger Sicht sagen), auch wenn es wirtschaftlich ohne den großen Nachbarn nicht existieren könnte. Wir entschieden uns bewusst dafür, den Namen Belarus zu verwenden.

Der Blick aus dem Hotelfenster zeigt das immer gleiche Ritual: Am Vormittag fahren hektisch Kolonnen von schwarzen Vans ohne Nummernschild vor, sprich: Geheimdienst, außerdem Gefangenentransporter und Polizeibusse. Die Staatsmacht marschiert auf. Dann kommen junge, unglücklich aussehende Soldaten mit Sturmgewehren, die das Kriegerdenkmal beschützen sollen. Ein Denkmal, das gewiss niemand stürmen will. Schließlich folgen die Demonstrierenden. Zehntausende, manchmal Hunderttausende. Und wir, das ARD-Team, beginnen mit den Dreharbeiten. Als Fernsehkorrespondent arbeite ich nicht allein. Unterwegs bin ich mit meiner Kamerafrau Jenny Schenk. Im Hotel wartet ein Technikkollege, der die Beiträge schneidet und Liveübertragungen nach Deutschland ermöglicht.

Das war im Sommer 2020. Damals konnte ich mir vieles für Belarus vorstellen. Dass die Revolution gelingen würde, angeführt von den drei fantasievollen Frauen Veronika Zepkalo, Maria Kolesnikowa und Swetlana Tichanowskaja, die eigentlich niemals in die Politik wollten. Dass es einen langen Atem brauchen würde. Dass das Regime, unterstützt von Russland, einen erbitterten Kampf führen würde. Dass die Sicherheitskräfte ihr brutales Vorgehen aus der Zeit vor der Wahl im August fortsetzen würden.

Was ich mir aber damals beim besten Willen nicht vorstellen konnte, war, dass das Regime ein Verkehrsflugzeug entführen würde, um einen an sich harmlosen Blogger und seine Freundin festzunehmen. Und dass Menschen nicht nur verhaftet, sondern auch ermordet werden würden. Wir alle, die wir damals als Beobachter auf den Straßen von Minsk unterwegs waren, hatten das Regime von Lukaschenko bei Weitem unterschätzt. Das muss ich aus heutiger Sicht feststellen. Als Korrespondent muss man nicht nur gut informiert sein und Quellen haben, man muss auch Situationen richtig einschätzen können. Das ist der Job. Und in Sachen Belarus lag ich gewaltig daneben. Ich hatte die Beharrlichkeit der postsowjetischen Machtstruktur unterschätzt.

Wenige Kilometer außerhalb von Minsk wähnt man sich in der Vergangenheit. Die Lenin-Statuen, die sowjetische Architektur, die alten verkrusteten Strukturen in Bürokratie und Verwaltung. Gas, Öl, billige Kredite – das Land ist abhängig von Russland. Belarus kennt bis auf eine kurze Phase zu Beginn nur einen Präsidenten: Alexander Lukaschenko, der seit 1994 an seinem Amt festhält. Bereits sein zweiter Wahlsieg gilt als fragwürdig. Im August 2020 hatte er es endgültig übertrieben, er rief sich mit einem Ergebnis von über 80 Prozent zum Sieger aus. »Wahlsieg in Absurdistan« titelte damals die *taz*. Sie berichtete von einer Frau, die über eine Leiter Stimmzettel aus einem Wahllokal entgegennahm und verschwand. Und von Wahlbeobachtern, die von Sicherheitskräften zusammengeschlagen wurden.

Lukaschenko glaubte, sich den dreisten Betrug leisten zu können. Seine Stammwählerschaft, sofern man überhaupt von Wahlen sprechen kann, lebt in Dörfern auf dem Land. Eines davon habe ich für den ARD-Weltspiegel besucht. Es liegt in der Region Soligorsk, etwa 140 Kilometer von Minsk entfernt, und zählt 570 Einwohner. Die politische Grundeinstellung der Menschen hier lässt sich am Zustand der Hausdächer erkennen. Keine Schüssel, normale Antenne: Staatsfernsehen. Was denkt man hier über die Demonstranten und – vor allem – die Demonstrantinnen in Minsk? Alexandra, um die 60 Jahre alt, ereifert sich. Die jungen Leute seien gegen das Gesetz, die Demonstrationen seien illegal. »Was für eine Freiheit brauchen die? Was meinen sie damit?«, fragt sie. »Wenn sie alles mit der Regierung regeln, dann wird sie auch niemand verhaften.« Dann zeigt uns Alexandra ihren Garten. Besonders stolz ist sie auf ihre Äpfel. Ihr gehe es nicht schlecht, sagt sie. Verglichen mit anderen Ländern stehe doch Belarus in der Welt gut da. »Im Land soll es ruhig bleiben, es gibt keine Arbeitslosigkeit, die jungen Leute bekommen ihre Ausbildung, es gibt bezahlbare Medikamente und eine soziale Absicherung.« Die Wahl sei kein Problem, Probleme bereiten ihr die Tomaten, die in diesem Jahr nicht so recht gedeihen. Und denen, so gibt sie uns zum Abschied noch mit, sei es doch egal, wer in Minsk Präsident ist.

Nicht alle im Dorf denken so. Elfrida, knapp über 60, ist für einen Machtwechsel in Belarus. Alles sei verkrustet, erstarrt, sagt sie. Sicher, die Arbeitslosigkeit sei gering. Doch die Menschen verdienten zu wenig. Und Chancen für junge Leute gebe es auch nicht. »Die Jungen wollen studieren, eine bessere Ausbildung, wollen Geld verdienen. Wissen Sie, unser ganzes Leben haben wir Geld gespart für eine Wohnung für unsere Tochter. Das ist hart!« Was eine neue Regierung ändern sollte, das weiß Elfrida auch nicht so genau. Auf alle Fälle: Frischer Wind wäre gut für das Land, sagt sie. Darüber diskutieren sie in der Familie. »Meine Mutter ist 90 und bettlägerig«, erzählt Elfrida. »Natürlich ist sie für Lukaschenko und hat ihn gewählt. Ich habe ihr gesagt, Mama, du weißt gar nicht, wie das Leben unter einem anderen Präsidenten wäre. In Amerika wurde mit Obama sogar mal ein Farbiger Präsident. Kannst du dir vorstellen, was das für Amerika bedeutet hat? Warum können wir nicht auch mal einen anderen Präsidenten haben?«

Mit vielen Gedanken und neuen Einsichten fahre ich zurück in die Hauptstadt Minsk. In Belarus gibt es wenige große Staatsbetriebe, entstanden aus früheren Sowjetkombinaten. Ihre Produkte sind auf dem Weltmarkt zumeist nicht konkurrenzfähig. Das Land lebt von der Landwirtschaft, zu Pflanz- und Erntezeiten sind die Zeitungen voll mit Tipps für Selbstversorger. Es gibt aber auch eine moderne IT-Branche mit jungen, gut ausgebildeten Spezialisten, darunter viele Frauen, die für internationale Konzerne programmieren und Spiele entwickeln. Und das noch nicht mal zum Billiglohn, wie man vermuten könnte. Dieser Branche und den netzaffinen Menschen, die dort arbeiten, verdankt das Land ein komfortables Internet. Ein Witz, den ich in Minsk oft gehört habe, geht so: Wir haben das beste, schnellste und das günstigste Netz der Welt – 24/6. 24/6, das bedeutet 24 Stunden am Tag, sechs Tage pro Woche. Sonntags, zu Zeiten der Demonstrationen, wurde das mobile Netz von den Behörden abgeschaltet. Aber da kommen junge Frauen auf eine originelle Lösung. Sie rufen die Bewohner im Erdgeschoss der Häuser entlang der Demonstrationsroute dazu auf, die Passwörter ihrer WLAN-Router ausschalten. Und schon gibt es sehr viele Hotspots.

Am ersten Protestsonntag nach der Wahl war ich in Minsk angekommen. Eigentlich ein Katzensprung von Moskau, wo ich lebe. 600 Kilometer auf guten Straßen. Doch zu Coronazeiten muss ich einen Höllenumweg nehmen, Flug nach Frankfurt, Übernachtung, Weiterflug nach Minsk. Für Ausländer sind die Landgrenzen dicht. Vom Flughafen aus geht es direkt zur Demonstration, zu jener Straßenkreuzung, die ich später so oft aus dem Hotelfenster sehen werde. Sofort beginnen die Vorbereitungen zur Aufzeichnung einer Schalte nach Deutschland. Ich muss müde aussehen an diesem heißen Augustsonntag. Eine der Demonstrantinnen drückt mir kommentarlos eine Wasserflasche in die Hand. Einfach so. Herzlichkeit ist das Grundgefühl.

Die ersten Eindrücke: Junge, engagierte Menschen, voller Hoffnungen und Ideen, international zu Hause in sozialen Netzwerken, treffen auf postsowjetische Verkrustungen. Und dann noch die zu auffällig manipulierte Wahl: Die Revolution beginnt. Es sind vor allem die Frauen, die sie initiieren und tragen. Sie lehnen sich auf gegen das, was das alte Belarus für sie vorsieht: Heim, Herd, Kinder. Klappe halten, das war die Devise. Jetzt schreien sie laut auf den Straßen. Verkleiden sich mit Schürze und Kittel, nehmen den Putzlumpen mit auf die Demo. Karikieren die Situation der Frauen im Land. Nach und nach wird der Protest quer durch alle Bevölkerungsschichten und -gruppierungen gehen. Aber es waren und sind immer wieder die Frauen, die die entscheidende Rolle spielen. Auch innerhalb der Protestbewegung lassen sie sich das Heft nicht aus der Hand nehmen. Als die Sonntagsdemonstrationen größer werden, rufen sie zusätzlich zu einer eigenen Frauendemonstration auf, immer samstags. Dann folgen die Rentnerinnen und Rentner mit einer eigenen Demo, die Ärztinnen und Ärzte, die Studierenden. Alle an genau festgelegten Wochentagen. Für mich, den Korrespondenten, macht das die Programmplanung einfach.

Der nächste Sonntag, die nächste Großdemonstration. Es ist Ende August 2020. Heute drehen wir für das ARD-Mittagsmagazin. Weit über 100 000 Menschen sind auf der Straße, Massenprotest gegen Lukaschenko. »Hau ab«, rufen sie immer wieder. Mitten unter den Demonstranten: die Studentin Lena. Dass sie mal auf eine Demo gehen würde, noch vor ein paar Tagen hätte sie nicht mal im Traum daran gedacht. »Ich bin heute sehr beunruhigt. Freunde haben uns im Netz gewarnt. Sie seien auf der Straße in einen Hinterhalt der Polizei geraten. Ich bin schon ein wenig aufgeregt.« Lenas Tag hat früh begonnen. Vorbereitungen für den Protestmarsch, Plakate malen. Die Ereignisse rund um die Wahl, die Polizeigewalt, die Verhaftungen haben Lena und ihren Freund Igor politisiert. »Am 9. August trafen wir nahe unserem Haus eine junge Frau, fast noch ein

Mädchen. Sie schrie und war blutüberströmt. Ihren Mann hatten sie verhaftet, sie war weggelaufen. Wir haben sie dann nach Hause gebracht.«

Kurz vor zwei geht es los in Richtung Innenstadt. Zusammen mit vielen anderen. Was wird passieren? Was wird die Polizei machen? Wird der Tag im Gefängnis enden? In einem ist sich Lena sicher: »Wir sind keine Kriminellen. Es fühlt sich ein wenig an, wie wenn man zu einem Examen geht. Der Puls rast – aber es ist ein gutes Gefühl.« Schließlich geht alles gut, die Demonstration bleibt friedlich. Zwar ist die gefürchtete Spezialpolizei OMON vor Ort, doch die Polizisten greifen nicht ein. Lena ist erleichtert. Später, als sie auf einem Hotelbalkon steht, von dem aus wir drehen, sagt sie angesichts der Menschenmassen unter uns: »Ich liebe mein Land für all diese Leute, für die Freiheit und für alles, was hier passiert. Ich bin sehr stolz, so viele Leute hier zu sehen. Es ist der größte und wichtigste Tag für mich.« Das klingt nicht nur patriotisch. Das ist es auch. Und mit Patriotismus hat nicht nur Lena kein Problem.

Zeit, sich mit der Symbolik der versuchten Revolution in Belarus zu beschäftigen: den weiß-roten Fahnen, die zu Tausenden auf den Demonstrationen geschwenkt werden. Die offizielle Nationalflagge ist grün-rot. Doch woher kommt die weiß-rote Farbgebung? Ich lese nach. Nach der Abdankung des russischen Zaren Nikolaus II. entwarf ein Architekt namens Klaudsij Dusch-Duscheuski die weiß-rot-weiße Fahne für die belarussische Unabhängigkeitsbewegung. Nach der Oktoberrevolution, zu Zeiten der Sowjetunion, war die Flagge natürlich rot. Doch die weiß-rot-weiße Fahne verschwand nicht ganz. Sie wurde von der belarussischen Minderheit in Polen verwendet. Während der deutschen Besatzung im Zweiten Weltkrieg erlaubten die Nazis die Verwendung dieser Farben. Die Besatzer versuchten, die Zustimmung von der Bevölkerung des Landes zu gewinnen. Verschiedene Institutionen erhofften sich von dieser Flagge eine Wiederbelebung der belarussischen Kultur. Doch manche der Institutionen kollaborierten mit den Nazis – und führten die rot-weiß-rote Fahne. Daher rührt der propagandistisch verdrehte Vorwurf, bei der Protestbewegung handele es sich um Vaterlandsverräter, Faschisten gar. Tatsache ist, dass der Erfinder, ebenjener Architekt, nicht mit den Nazis kollaborierte. Er verweigerte die Zusammenarbeit mit den Deutschen, unterstützte Juden, wurde 1943 verhaftet und in ein Konzentrationslager verschleppt. Nach dem Zerfall der Sowjetunion 1991 war die weiß-rote Fahne wieder für kurze Zeit Nationalflagge. Im ersten Referendum seiner Herrschaftszeit schaffte Alexander Lukaschenko sie 1995 ab. Seitdem ist die offizielle Flagge grün-rot – wie zu Sowjetzeiten, nur ohne Hammer und Sichel.

Ob die Studentin Lena das weiß? Ich denke schon. Denn weiß-rot bedeutet: Ja zu Belarus, aber zu einem Belarus ohne Lukaschenko. Und dieser Grundgedanke eint alle Demonstrantinnen und Demonstranten. »Hau ab, Lukaschenko,« das ist der Slogan, zu dem die weiß-roten Fahnen geschwenkt werden, zu dem die Frauen ihre selbst geschneiderten weiß-roten Kleider tragen. Sogar Kaffeetassen gibt es in Weiß-Rot. Sie stehen heute in meiner Moskauer Wohnung.

Gekauft habe ich sie bei Olga. Sie betreibt einen kleinen Keramik-Laden in der Minsker Innenstadt. In meinen freien Stunden bin ich gerne dort. Wunderschöne Schalen und Platten, gefertigt von einer Künstlerin. Die »Revolutionstassen« lagert Olga zu Anfang noch versteckt unter dem Ladentisch.

Doch schon bald stehen sie mit den später verbotenen Farben offen im Regal. Olga, eigentlich unpolitisch, ist so viel mutiger geworden in jenen Tagen. Diesen Mut, dieses Selbstbewusstsein, kann kein Lukaschenko dieser Welt mit all seinen Spezialtruppen mehr aus den Köpfen und Herzen der belarussischen Frauen vertreiben. Auch wenn sehr viele von ihnen heute im Exil leben oder im Gefängnis sitzen. Dies ist der große Erfolg der Revolution in Belarus, auch wenn sie zunächst gescheitert ist. Ich denke aber, Lukaschenko weiß, dass seine Macht endlich ist. Und dass er vollkommen abhängig ist vom großen Nachbarn Russland unter Putin.

»2020 hat Lukaschenko die Unterstützung der Bevölkerungsmehrheit verloren. Sämtliche unabhängige Experten erklärten einhellig, dass er die Situation nicht ändern kann und bis zum Ende seiner Herrschaft lediglich der Repräsentant einer Minderheit bleiben wird«, meint der belarussische Politikwissenschaftler Walerij Karbalewitsch. Präsident Alexander Lukaschenko sei inzwischen der »Präsident der Spezialpolizei«.

Hinzu kommt: Heute, im Ukraine-Krieg, ist Belarus Aufmarsch- und Nachschubgebiet Russlands. Bei der Bevölkerung kommt das nicht allzu gut an, so Karbalewitsch. Er zitiert den Minsker Soziologen und Meinungsforscher Andrej Wardomazki. Nach dessen Untersuchungen sprächen sich 62 Prozent der Bevölkerung dagegen aus, dass Russland belarussisches Staatsgebiet für die »Spezialoperation« in der Ukraine nutzt. Um die Kritiker der Militäroperation für sich zu gewinnen, schlägt der belarussische Präsident des Öfteren überraschend kritische Töne an. »Um ehrlich zu sein, hätte ich nicht erwartet, dass sich die Operation derart hinziehen würde«, sagt er etwa der Nachrichtenagentur AP.

Lukaschenkos Versuch, wieder »Präsident des Volkes« zu werden, scheint aber gescheitert, so Waleri Karbalewitsch. »Wenn (…) die Kommunikation mit der Gesellschaft einzig und allein darin besteht, die Daumenschrauben immer fester anzuziehen, dann hat dieses soziale Modell keine Zukunft. Man raubt diesem Land jede Perspektive, wenn man im 21. Jahrhundert mitten in Europa ein Nordkorea errichtet.«

Im Spätsommer 2020 glaubten alle, die Revolution könne gelingen. An der Spitze der Bewegung standen kreative Frauen. Manche verstanden sich wirklich als die Speerspitze. Sie verkleideten sich, suchten und fanden Inspiration in der griechischen Mythologie. So auch Nika, die ich auf einer der Sonntagsdemonstrationen treffe. Die junge Frau hat sich als griechische Göttin Pallas Athene verkleidet. »In der Mythologie glaubte man, dass derjenige gewinnt, an dessen Seite Athene auf dem Schlachtfeld erscheint«, sagt Nika mit einem Lächeln. »Ich will heute inspirierend sein, die Stimmung unserer Leute heben.« 150 000 Menschen sind an diesem Tag auf den Straßen von Minsk.

Auch Inna hat sich besonders schick gemacht, hat ein ganz besonderes Kleid angezogen, ganz in Weiß. »Mein Outfit steht für die Reinheit der Gedanken und Absichten. Wir sind friedliche Leute und finden es sehr schlecht, dass die Behörden uns wie Vieh behandeln.« Vom Straßenrand, von den Balkonen aus winken die Anwohner den Demonstrantinnen zu. Inzwischen haben sie breite Unterstützung. Doch diesmal greift die Polizei hart durch, Demonstrantinnen und Demonstranten werden abgedrängt und landen im Gefangenentransporter. Auf den Straßen von Minsk kommt es zu brutalen Szenen. 400 Menschen werden im Laufe des Tages festgenommen.

Am Rande der Demonstration treffe ich Alexandra, die mit ihrem Mann Wladimir und Freunden gekommen ist. Ob sie sich vor der Polizeigewalt fürchtet? »Ich habe keine Angst. Wir sind alle füreinander da. Wir haben ein Gefühl von Bewusstsein und Verantwortlichkeit. Deshalb können wir nicht zu Hause sitzen.« Wie die Studentin Lena konnte sich auch Alexandra bis vor Kurzem nicht vorstellen, auf eine Demonstration zu gehen. »Jenseits der Tatsache, dass es viel Schmerz und große Ungerechtigkeit gibt, haben die Leute zueinandergefunden«, sagt sie fast euphorisch. »Ich habe eine große Familie. Das sind die Belarussen. Zum ersten Mal bin ich stolz darauf, Belarussin zu sein.« Alexandra weiß, dass sich ihr Mann Sorgen macht. Trotzdem will sie weiter demonstrieren. Und Wladimir? Er wirkt ein wenig verunsichert. Nicht wegen der Polizei. Bis vor Kurzem war er der Herr im Haus, er hatte das Sagen. Und jetzt? »Sie ist so eine Frau, sie würde zur Demo gehen, egal, was ich sage. Wir haben auch bei uns zu Hause Demokratie.« An diesem Tag glaubt niemand, dass die Revolution scheitern könnte. Und doch wird es so kommen.

Vielleicht aber ist sie gar nicht gescheitert. Im Großen ist alles so geblieben, wie es war. Lukaschenko ist nach wie vor an der Macht. Die Polizeigewalt hat sich durchgesetzt. Und doch hat sich manches verändert. Alexandra zum Beispiel wird sich nie wieder unterordnen, nie wieder »das Mäuschen sein«. Und Wladimir wird sich daran gewöhnen, dass seine Frau gleichberechtigt sein will und es zumindest zu Hause auch ist. Denn längst schon geht es bei den Protesten in Belarus nicht mehr nur um die Wahl und Lukaschenko. Gleichberechtigung wird zum Thema, über häusliche Gewalt wird diskutiert. Eine Frauenbewegung ist im Entstehen.

Einige Wochen später, im September 2020, ist der Frauen-
protest am Vortag der Großdemonstration fast schon Tradition.
Zu Tausenden sind sie gekommen. Auf dem von ihnen so
bezeichneten »Platz der Freiheit« fordern sie den Rücktritt von
Präsident Lukaschenko und die Freilassung aller Gefangenen.
Wie jeden Samstag. »Lukaschenko wird von uns als Präsident
nicht anerkannt«, sagt die Demonstrantin Tatjana. »Er muss
vor Gericht. Die Wahlergebnisse sind total verfälscht worden. Wir sind hier für die Freiheit.« Seit Wochen schon sucht
Maria ihre Tochter, festgenommen und verschleppt von der
Polizei. »Meine Tochter wird vermisst«, sagt sie. »Sie war am
11. August auf einer Demonstration. Bis heute haben wir sie
nicht gefunden.«

Das Klima hat sich verändert. Am Anfang waren die Demonstrationen wie Volksfeste, voller fantasievoller Fröhlichkeit. Doch
seitdem Hunderttausende jeden Sonntag kommen, greift die
Polizei mit massiver Gewalt ein. Härte, auch gegenüber Frauen,
das ist die neue Linie. Bislang hatte die Polizei vorwiegend Männer festgenommen und Frauen verschont. Es wirkte wie ein Akt
schräger Ritterlichkeit der Sicherheitskräfte. Doch damit ist es
jetzt vorbei. 70 Frauen landen allein bei dieser Demonstration
im Gefängnis, meldet die Menschenrechtsorganisation Viasna.
Auch ältere Menschen werden nicht verschont, die Babuschkas, die Großmütter, die in der russisch-belarussischen Kultur
eigentlich höchsten Respekt genießen.

»Ja, ich habe Angst«, sagt eine der Demonstrantinnen. Sie
hat ihre Tochter mitgebracht, noch ein Kind. Und das, obwohl
mit Gewalt zu rechnen ist. Warum hat sie das getan? »Wir können nicht schweigen. Die Staatsmacht ist kriminell. Die Gesetze
funktionieren nicht. Es geht um die Zukunft meiner Tochter. Sie

muss das sehen und wissen.« Die Frauen wollen mit den Polizisten reden. »Ich habe Lukaschenko gewählt. Er hat gewonnen. Was ist das Problem?«, sagt einer. Doch die Demonstrantinnen glauben ihm nicht. Sie lassen sich nicht einschüchtern, demonstrieren friedlich. Am nächsten Tag werden sie wieder auf der Großdemonstration sein. Wie jeden Sonntag.

Doch Lukaschenkos Regime beweist in den folgenden Wochen, dass es nicht unterschätzt werden darf. Vom Herbst an nimmt die Gewalt zu. Einige Male können wir vom ARD-Team uns gerade noch in Sicherheit bringen, bevor Blendgranaten verschossen werden, bevor Tränengasnebel aufziehen.

So auch am 20. September. Diesmal sind spürbar weniger Menschen gekommen, nur noch einige Zehntausend. Die massive Polizeipräsenz, die Brutalität und die Einschüchterungen zeigen Wirkung. Zusammen mit ihrer Freundin tanzt Marina gegen ihre Angst an, vor der Polizei, vor dem Gefängnis. »Es wird weitergehen, solange Lukaschenko an der Macht ist. Festnahmen gab es nicht nur die letzten sechs Wochen, die gab es die letzten 26 Jahre«, sagt Marina. Die beiden seien auf der Straße für ihre Zukunft, wie sie sagen. Es gehe ihnen um eine gute Ausbildung. Weg mit der alten, verkrusteten Gesellschaft. »Wir gehen auf die Demo, weil wir ein neues, glückliches Leben wollen, Veränderungen. Wir wollen in einem demokratischen Land leben.« Als schon Gummigeschosse abgefeuert werden, sagt Veronika, eine andere Demonstrantin, aufgeregt: »Natürlich haben wir Angst. Mein Vater ist jetzt im Gefängnis. Sie haben ihn zu zwei Wochen Haft verurteilt, weil er letzten Sonntag auf der Demo war. Ich habe Angst, aber was soll ich tun?« Mehr als 100 Festnahmen meldet das Menschenrechtszentrum Viasna an diesem Tag. Festnahmen in vielen Städten des Landes. Auf dem Weg zurück ins Hotel treffen wir Natalia, eine junge Frau, die es für uns so zusammenfasst: »Wir wollen, dass Menschen, die für nichts eingesperrt wurden, freigelassen werden. Friedlich fordern wir die Freilassung der politischen Gefangenen, und wir fordern Neuwahlen.«

Zum Wendepunkt wird in Belarus der 11. November 2020. Was an jenem Abend geschieht, das wird später aus vielen Perspektiven erzählt werden. »Ich geh raus«, schreibt der 31-jährige Künstler Roman Bondarenko in einem Chat. »Raus«, das heißt auf einen Hof in der Nachbarschaft, der zu jenem Zeitpunkt bereits legendär ist: der »Platz der Veränderungen«. Wochen zuvor war ich selbst dort, jetzt war mir das nicht mehr möglich. Meine Akkreditierung als Journalist in Belarus wurde nicht verlängert, die Geschehnisse kann ich nur noch aus der Ferne verfolgen, aus den vielen Nachrichten meines Kollegen Ilya Kuzniatsou, der mit mir eng zusammengearbeitet hat. Auch Ilya musste in der Zwischenzeit Belarus verlassen. Hoffentlich nicht für immer.

Der »Platz der Veränderungen« ist ein trister Hinterhof in einem Neubauviertel mit Parkplätzen und einem Spielplatz für Kinder. Am Rande einer Demonstration spielen dort zwei DJs, Wlad Sokolowski und Kirill Galanow, das Lied »Wir warten auf Veränderungen«. Sie werden festgenommen, verlieren ihren Arbeitsplatz, kommen für zehn Tage in Haft und müssen schließlich das Land verlassen. Doch das Lied bleibt. Irgendwann taucht auf einer Häuserwand ein Gemälde der beiden auf. Darunter steht: »Platz der Veränderungen«. Der Hinterhof wird zu einem Treffpunkt der Nachbarn. Sie lernen sich kennen, trinken zusammen, feiern Feste. Irgendwann gibt es dort auch spontane Konzerte. Auf dem »Platz der Veränderungen« ist in diesen Tagen immer etwas los. Schließlich wird das Gemälde zum Zankapfel zwischen den Anwohnern und den Behörden. Immer wieder übermalen Arbeiter der Stadt das Gemälde. Am nächsten Tag ist es wieder da. Wie von Zauberhand.

»Ich geh raus«, schreibt Roman Bondarenko in seiner Chatnachricht. Raus auf den »Platz der Veränderungen«. Vier Vans mit abgedunkelten Scheiben fahren vor. Männer in Zivil steigen aus, reißen die rot-weiß-roten Bänder ab, die am Zaun befestigt sind. Bondarenko, der früher einmal bei einer militärischen Spezialeinheit des Innenministeriums gedient hat, sieht auf den ersten Blick: Dies sind keine Zivilisten. Dies sind Polizisten oder Geheimdienstler. Roman fragt die Männer, warum sie gekommen seien, was das Ganze soll. Die Männer beschimpfen Roman, beleidigen ihn, schubsen ihn.

Was dann geschieht, erzählt die Augenzeugin Tatjana meinem Kollegen Ilya. »Wir fragten sie, warum schneidet ihr die Bänder ab. Wir redeten, von unserer Seite aus gab es keine Aggression. Dann stieß einer der Männer Roman, dieser wich einige Schritte zurück. Und dann begann der Kampf.« Videos der Szene, gefilmt von Augenzeugen, verbreiten sich im Netz. Bilder von schockierender Brutalität. Auch Ludmilla war an diesem Abend auf dem Platz. »Es ist einfach empörend. Als sie Roman festnahmen, schlugen sie ihn. Sie warfen ihn gegen eine Wand. Und dann schmissen ihn drei von ihnen in den Van. Danach schaukelte der Van. Da drinnen wurde er geschlagen.« Anderthalb Stunden später wird Roman von einer Polizeiwache aus ins Krankenhaus gebracht. Seine Verletzungen sind schrecklich. Ein Hirnödem, Schädel-Hirn-Trauma, überall Wunden und Hämatome. Mehrere Stunden wird er notoperiert. Am Abend des 12. November stirbt Roman Bondarenko.

Aus dem Blickwinkel des belarussischen Innenministeriums stellt sich das Ganze so dar: »Einige Bürger, die anderen ihre persönliche Meinung und politische Position aufdrängen wollen, hängen, malen oder kleben nicht staatliche Symbole an Häuserfassaden, öffentliche Gebäude, private Autos und so weiter. Andere, nicht gleichgültige Bürger, versuchen, die Ordnung aufrechtzuerhalten und nicht zuzulassen, dass die Regeln des Gemeinwohls verletzt werden. Mit den Folgen solcher Konflikte, manchmal auch mit solch bedauernswerten Vorfällen, muss sich das Innenministerium beschäftigen.«

Machthaber Lukaschenko ordnet eine Untersuchung des Vorfalls an. Tatjana, die Augenzeugin, hat anfangs noch ein wenig Hoffnung. »Ich möchte gerne glauben, dass es anständige Leute sein werden, dass die Richter und Experten die Untersuchung ordentlich machen. Ohne sich zu verkaufen und ohne Befehlen von irgendwem zu gehorchen.«

Roman Bondarenko wurde 31 Jahre alt. Er war Soldat, studierte später Kunst, unterrichtete als Zeichenlehrer. Einer, der sein Leben liebte, der Träume hatte, Hoffnungen. Roman war nicht der Einzige, der starb. Oder genauer: der ermordet wurde.

Zusammen mit Kolleginnen und Kollegen recherchiert vor allem eine belarussische Journalistin in der Folgezeit die Umstände des Todes von Roman Bondarenko: Marina Solotowa, Chefredakteurin der Netzpublikation Tut.by. Für ihre Arbeit wird sie die ganze Härte des Regimes zu spüren bekommen. *Tut.by* erscheint zu dieser Zeit in russischer und belarussischer Sprache. Die Website zählt zu den beliebtesten in Belarus. Sie veröffentlicht täglich über einhundert Artikel, nicht nur über Politik. Auch Autothemen, Finanzen, Sport und den Wetterbericht kann man da lesen. 2019, also vor der manipulierten

Wahl, wurde *Tut.by* von über 60 Prozent der belarussischen Internetnutzer gelesen. Offiziell wurde *Tut.by* am 21. Dezember 2019 als Onlinemedium registriert.

Nun beschäftigt sich die Seite mit dem Fall Bondarenko und der Untätigkeit der Behörden, die nichts zur Aufklärung unternehmen. Im Gegenteil, sagt die Chefredakteurin: »Ein Mann starb. Er wurde umgebracht. Er wurde geschlagen und starb einen Tag später im Krankenhaus. Und es wurde keine Untersuchung nach seinem Tod eingeleitet. Niemand wurde verhaftet. Aber es gab eine Untersuchung gegen eine Journalistin und einen Arzt, die darüber informierten, dass der Mann nüchtern war. Das ist nicht nachvollziehbar!«

Die Mär, Bondarenko hätte betrunken randaliert, verbreiten die Staatsmedien. Eine Journalistin, Kollegin von Marina Solotowa bei *Tut.by*, belegt das Gegenteil, gestützt auf Aussagen des behandelnden Arztes. Sie wird noch im November 2020 festgenommen, ist lange in Untersuchungshaft und wird schließlich im März 2021 zu einem halben Jahr Gefängnis und zu einer Geldstrafe verurteilt. Für einen Internetartikel.

Aber schon vor dem Mord an Roman Bondarenko standen *Tut.by* und die Chefredakteurin unter Druck. »Sie bekämpfen uns mit allen Mitteln«, erzählt Marina Solotowa. »Das begann damit, dass man unsere Journalisten für ein paar Stunden ins Polizeirevier verschleppte. Für unsere Leute war das natürlich ein Albtraum. Und es endete mit Strafverfolgung und der Aberkennung unserer Zulassung.« Im September 2020 wird bekannt, dass man *Tut.by* die staatliche Registrierung entziehen will. Ab Oktober wird das Medium für drei Monate gesperrt. Der belarussische Journalistenverband protestiert. Später wird sich Reporter ohne Grenzen dem Protest anschließen und das

Vorgehen der Behörden als »vollkommen unangemessen« kritisieren. Auch die Organisation für Sicherheit und Zusammenarbeit in Europa (OSZE) ist zumindest besorgt. Sie nennt das Vorgehen der Behörden »unverhältnismäßig«, appelliert an die Regierung, die »gefährliche Tendenz« umzukehren. »Es war niemals einfach für Journalisten, in Belarus zu arbeiten. Es gab immer Hindernisse. Aber mit welchen Dingen wir im Zusammenhang mit der Wahlkampagne konfrontiert waren, das war außerordentlich«, erinnert sich Marina Solotowa. »Das begann bereits einige Monate vor der Wahl, im Mai. Sie begannen, unsere Journalisten und Journalistinnen festzunehmen. Im Sommer und im Herbst wurden 18 unserer Journalisten 37-mal festgenommen. Manche drei- bis viermal.« All die Proteste, all die internationale Kritik nutzen nichts. *Tut.by* ereilt das Schicksal nunmehr aller systemkritischen Medien in Belarus: Sie werden abgeschaltet, verboten und verfolgt. Einige Portale arbeiten noch im Auslandsexil.

Doch nicht nur mit Verboten reagiert das Regime von Lukaschenko auf die Arbeit unabhängiger Medien im Land. Auch mit gezielter körperlicher Gewalt, so scheint es. Im Dezember 2020 recherchiere ich für das NDR-Medienmagazin *ZAPP* vom Moskauer Büro aus zur Situation von Journalistinnen in Belarus. Mein Kollege Ilya trifft in Minsk die junge Journalistin Natalia, die für ein Internetmedium arbeitet. Am 10. August, kurz nach der Präsidentenwahl, steht sie am Rande der Protestierenden und dreht Videos, die sie ins Netz stellen will. Sie ist klar als Pressevertreterin erkennbar. Auf einem der Videos ist plötzlich ein Ruck zu sehen, dann bricht es ab. Ein Gummigeschoss hat Natalia ins Bein getroffen. »Es geht mir nicht in den Kopf, dass der Polizist entschieden hat, absichtlich auf Journalisten zu schießen. War das ein Befehl, um Journalisten zu erschrecken, oder persönliches Draufgängertum? Ich konnte ganz klar sehen, dass der Polizist zehn Meter von mir weg war. Er zielte und schoss absichtlich auf Journalisten – nicht auf Demonstranten oder irgendwie in die Luft«, erinnert sich Natalia.

Ob es wirklich Absicht war, ist schwer zu beweisen. Eine Untersuchung des Vorfalls gab es jedenfalls nicht. Natalia wurde schwer verletzt und lag 38 Tage im Krankenhaus. Noch immer leidet sie an den Folgen ihrer Verletzung. Dass es einmal so weit kommen würde, hätte sie nie gedacht. »Ich erinnere mich, dass wir vor der Wahl unter Kollegen diskutierten. Werden sie schießen oder nicht? Ich war sicher, sie würden es nicht tun. Ich konnte mir keine Situation vorstellen, die sie dazu bringen würde, ihre Gewehre einzusetzen.« Natalia ist beileibe nicht das einzige Opfer. Die Bundeszentrale für politische Bildung zitiert im August 2021 Angaben der Opposition, wonach »mindestens 15 Menschen im direkten Zusammenhang mit den Demonstrationen starben.« Nach wie vor ungeklärt ist der Tod des belarussischen Oppositionellen Witali Schischow. Er lebte im Exil in der ukrainischen Hauptstadt Kiew. Dort wurde er im August 2021 erhängt in einem Park gefunden. War es Selbstmord oder ein Mordanschlag des belarussischen Geheimdienstes, wie viele zu wissen glauben?

KAPITEL 6

BELARUS – DREI FRAUEN: ZWEI IM EXIL, EINE IM GEFÄNGNIS

Die Fernsehbilder, die später in vielen Sendungen weltweit gezeigt werden, entstehen durch Zufall. Es ist der 6. September 2020, wir drehen auf einer der Sonntagsdemonstrationen, als ich sie plötzlich sehe – eine junge Frau, ausgelassen singend und tanzend, auf dem Akkordeon begleitet von einem Freund: Maria Kolesnikowa, die letzte der drei Anführerinnen der belarussischen Opposition, die noch im Land ist. Zu diesem Zeitpunkt leben die anderen beiden, Veronika Zepkalo und Swetlana Tichanowskaja, längst im Ausland, vertrieben ins Exil. Aber Maria Kolesnikowa tanzt auf der Demonstration und lacht im spontanen Interview. Ja, sie glaube an den Erfolg, die Protestbewegung werde siegen, und nein, niemals würde sie das Land verlassen. Die Bilder laufen am Abend in den ARD-Tagesthemen. Es sind Bilder einer stolzen, mutigen und fröhlichen Frau, voller Zuversicht. Vielleicht sind diese Aufnahmen für die Staatsmacht der letzte Auslöser. Vielleicht aber überschätze ich auch den Einfluss einer deutschen Nachrichtensendung. Sicher ist jedenfalls: Am nächsten Morgen ist Kolesnikowa verschwunden.

Über viele Stunden gibt es kein Lebenszeichen von ihr. Ist sie in Haft? Außer Landes? Die Nachrichtenlage ist undurchsichtig. Zunächst berichten Onlinemedien, Kolesnikowa sei festgenommen oder verschleppt worden. Zwei KGB-Leute – der belarussische Geheimdienst heißt wirklich noch immer KGB – hätten sie und zwei Begleiter in einen schwarzen Van gezerrt. Noch am selben Tag fordert der damalige deutsche Außenminister Heiko Maas das Regime zur sofortigen Aufklärung auf. Einen Tag später berichten Nachrichtenagenturen, sie und ihre Begleiter seien zur ukrainischen Grenze gebracht worden. Sie habe sich einer Abschiebung widersetzt und befinde sich in Haft. Der belarussische Grenzschutz dagegen erklärt, Kolesnikowa sei nach vorübergehender Festnahme ausgereist. Dies wiederum dementiert der ukrainische Grenzschutz. Und der »Koordinierungsrat der Oppositionsbewegung« teilt mit, man wisse gar nichts. Klar sei nur, dass sie das Land nicht freiwillig verlassen würde. Schließlich erklärt der ukrainische Innenminister, sie sei definitiv nicht im Land. Aber wo dann?

Heute ist klar, was geschehen ist. Nach und nach haben Freunde und Journalisten den Krimi rekonstruiert, der sich in jener Nacht in Alexandrovka am Grenzübergang zwischen Belarus und der Ukraine abgespielt hat. Das »Belarusian State Border Committee«, die Grenzschutzbehörde, veröffentlicht ein Video, das einen Van am Grenzübergang zeigt. Kolesnikowa und ihre Begleiter seien auf der Flucht gewesen, berichtet Anton Bytschkowskij vom belarussischen Grenzschutz im Staatsfernsehen. »Sie haben Gas gegeben, sobald sie die Grenzschützer sahen, und deren Leben gefährdet. Kolesnikowa hat man bei der Flucht dann aus dem Auto geworfen, die anderen fuhren weiter und verließen Belarus. Im Moment ist Kolesnikowa in Gewahrsam.«

Es ist eine lächerlich unglaubwürdige Version der Geschichte. Inzwischen weiß man, wie sie sich wirklich abgespielt hat: Die drei sollten mit Gewalt in die Ukraine abgeschoben werden. Doch Maria Kolesnikowa zerriss ihren Pass und warf ihn aus dem Wagen. Die Einreise in die Ukraine war damit unmöglich. Sie kam daraufhin in Haft. Ihre Begleiter, Anton Rodnenkov und Ivan Kravtsov, überquerten dagegen die Grenze. Ein enger Freund der beiden in der ukrainischen Hauptstadt Kiew berichtet: »Sie haben mich kontaktiert und um Hilfe gebeten. Vor allem, um Smartphones zu bekommen, weil ihnen alles weggenommen wurde: Geld, eigene Sachen, Laptops, Handys.«

Maria Kolesnikowa kommt erst in ein Untersuchungsgefängnis in Minsk, später wird sie in ein Gefängnis in der Stadt Schodsina verlegt. Sie habe versucht, illegal die Macht zu ergreifen, lautet der Vorwurf. Ihre Anwältin Ljudmila Kasak weist diese Anschuldigung als absurd zurück. Kolesnikowa stellt selbst Strafanzeige gegen den Geheimdienst und die Sonderpolizei. Man habe sie bedroht, ihr einen Sack über den Kopf gezogen und ihr mit 25 Jahren Freiheitsstrafe oder gar der Zerstückelung ihrer Leiche gedroht. Sie nennt die Namen der Beamten und erklärt, sie bei einer Gegenüberstellung identifizieren zu können. Natürlich ist Kolesnikowa klar, dass die Behörden nicht ermitteln werden. Internationale Proteste folgen auf die Verhaftung. Sie wird von Amnesty International als gewaltlose politische Gefangene anerkannt. Claudia Roth, damals Vizepräsidentin des Deutschen Bundestags, übernimmt symbolisch eine Patenschaft. Und am nächsten Sonntag, dem 13. September, gehen wieder viele Tausende auf die Straße.

Die Demonstration nennt sich »Marsch der Helden«, sie ist Maria Kolesnikowa gewidmet. »Heldinnen« müsste es richtigerweise heißen. Denn wieder sind es vor allem Frauen, die voller Fantasie und Kreativität auf die Straße gehen. Auch unser Drehteam ist unterwegs. Diesmal ist es keine einheitliche Großdemonstration, stattdessen bewegen sich mehrere Protestzüge durch Minsk. Insgesamt sind mehr als 150 000 Menschen gekommen. Darja, eine junge Demonstrantin, hat sich die belarussische Staatsflagge um den Körper gewickelt. »Sie ist kompromittiert vom Blut der Opfer der Unterdrückung, die vom Staat gefoltert wurden. An deren Händen klebt Blut.« Sie will der Flagge ihre Würde wiedergeben, so begründet sie ihre Aktion.

Maria Kolesnikowa, Veronika Zepkalo, Swetlana Tichanowskaja: Drei Frauen hatten sich aufgemacht, das Land zu verändern. Dabei wollten sie ursprünglich nie in die Politik. Um zu verstehen, was in jenem Protestjahr 2020 in Belarus geschah, muss man zurückschauen in die Zeit vor der manipulierten Präsidentenwahl.

Alexander Lukaschenko, der Herrscher alten Stils, den die drei Frauen so bekämpfen, war Agrarwissenschaftler, Politoffizier einer Panzerkompanie, Sekretär der KPdSU und Direktor einer Sowchose. Er verkörpert das verkrustete politische System der Sowjetunion wie kaum ein anderer. 1991 unterstützte Lukaschenko den Augustputsch gegen Michail Gorbatschow in Moskau. Er, der später selbst tief in Korruption verstrickt sein wird, führte ab 1993 den parlamentarischen Antikorruptionsausschuss in Belarus und erhob Vorwürfe gegen Regierungsmitglieder. Schließlich verlor die damalige Regierung eine Vertrauensabstimmung im Parlament und musste zurücktreten. Am 10. Juli 1994 wurde Lukaschenko zum Präsidenten gewählt.

Nun also, im August 2020, stand wieder eine Wahl an. Es war nicht nur die Unterdrückung jeder Opposition, die Lukaschenko vor allem bei der jüngeren Generation in den Städten unbeliebt gemacht hatte. Es ging auch um Bildungschancen, die wirtschaftliche Lage und um Lukaschenkos Umgang mit der Corona-Pandemie, die auch in Belarus wütete. Doch der Präsident entwickelte sich zum Corona-Leugner. Am Rande eines Eishockeyspiels machte er sich gegenüber einer Fernsehreporterin lustig. »Es gibt hier keinen Virus. Oder sehen sie ihn hier irgendwo herumfliegen?« Wodka würde gegen die Infektion helfen, Saunagänge oder auch Traktorfahren an der frischen Luft. Folgerichtig berichtete das Staatsfernsehen zumindest zu Beginn der Pandemie nur am Rande darüber.

Neben den üblichen Scheinkandidaten, die der Wahl einen demokratischen Anstrich geben sollten, wollten 2020 auch drei Männer kandidieren, die den ernsthaften Willen hatten, Lukaschenko abzulösen. Der Wichtigste war wohl Viktor Babariko. Viele Jahre war der Banker Vorstandsvorsitzender der Belgazprom-Bank, einer Tochtergesellschaft des russischen Gazprom-Konzerns. Er forderte Privatisierungen, eine Liberalisierung der Wirtschaft und trat für mehr Bürgerrechte ein. Ein aussichtsreicher Herausforderer, viele im Land gaben ihm eine echte Chance gegen Lukaschenko. Es verwundert nicht, dass man ihn unter dem fadenscheinigen Vorwurf der Geldwäsche und Bestechlichkeit verhaftete und zu 14 Jahren Gefängnis verurteilte. Babariko war nicht nur Banker, er war auch an Kunst sehr interessiert, sammelte Bilder, stellte sie in seiner Galerie aus und trat als Mäzen auf. Wohl auch deshalb engagierte er als Wahlkampfmanagerin eine Frau, die selbst Künstlerin ist: die Musikerin Maria Kolesnikowa.

Der zweite Kandidat war Walerij Zepkalo, ein Politiker und Unternehmer. Zepkalo war Botschafter in den USA und Mexiko und gründete den »Belarus Hi-Tech Park« in Minsk. Wie Babariko ist Zepkalo ein Wirtschaftsliberaler. 160 000 Unterschriften reichte er bei der Wahlkommission ein, nur 75 000 wurden als gültig anerkannt – zu wenige, um als Kandidat zugelassen zu werden. Kurz vor der Wahl floh Zepkalo mit den Kindern nach Moskau. Es gab Gerüchte, die belarussischen Behörden würden ihm und seiner Frau das Sorgerecht entziehen und die Kinder wegnehmen. Später dann, als es auch in Russland für Zepkalo zu gefährlich wurde, floh er weiter in die Ukraine. Zepkalos Ehefrau Veronika, die Internationale Politik studiert und als Managerin in der IT-Branche gearbeitet hatte, blieb zunächst im Land. Sie schloss sich, wie auch Maria Kolesnikowa, der Wahlkampagne von Swetlana Tichanowskaja an.

Deren Ehemann, der Videoblogger Sergej Tichanowski, war der dritte echte Kandidat im Rennen gegen Lukaschenko. Er war die große Überraschung im Vorfeld der Wahl. Im Mai 2020 hatte er mit einem Video auf seinem YouTube-Kanal »Das Land für das Leben« seine Kandidatur angekündigt. Gerade mal 140 000 Abonnenten hatte der Kanal damals. Mit der Aufschrift »Real News« auf dem Auto fuhr er quer durchs Land, interviewte Menschen, filmte Gespräche mit Oppositionellen und Geschäftsleuten. Schon bald wurde er verhaftet. Die Anklage: Er habe Massenunruhen organisiert und auf seinen YouTube- und Telegram-Kanälen soziale Feindschaft in der Gesellschaft geschürt. Der Geheimprozess gegen ihn begann erst lange nach der Verhaftung am 24. Juni 2021 unter Ausschluss der Öffentlichkeit. Tichanowski wurde zu 18 Jahren Strafkolonie verurteilt. Da war seine Frau Swetlana schon Präsidentschaftskandidatin. Im

Herzen ihrer Anhänger ist sie heute die wahre belarussische Präsidentin.

Das Foto geht um die Welt, ein Foto aus späteren Wahlkampfzeiten: in der Mitte Swetlana Tichanowskaja, die Faust geballt. Vom Betrachter aus links steht Veronika Zepkalo, sie zeigt das Victoryzeichen. Und rechts formt Maria Kolesnikoswa die Hände zum Herz – eine Geste, die ihr Markenzeichen wird. Die drei Frauen setzen das politische Werk fort, das ihren Männern verboten wurde. Keine der drei wollte jemals in die Politik. Aber wie schaffte es Swetlana Tichanowskaja als Einzige auf die Kandidatenliste? Angeblich, weil Lukaschenko sie nicht ernst nahm, er nannte sie ein »armes Ding«. Belege dafür gibt es nicht. Aber wenn die Geschichte stimmt, wäre es der größte taktische Fehler von Lukaschenko in jener Zeit. Denn durch ihre Kandidatur gingen die Proteste gegen sein Regime erst richtig los.

Swetlana Tichanowskaja geht mit ihren Mitstreiterinnen auf Wahlkampftour. Ihre Kinder hat sie sicherheitshalber ins Ausland bringen lassen. Es wäre falsch, in ihr eine unbedarfte Hausfrau und Mutter zu sehen, wie oft zu lesen ist. Sie hat Pädagogik studiert und arbeitete als Übersetzerin; die in Irland ansässige Organisation »Chernobyl Life Line« zählte zu ihren Auftraggebern. In den Wahlkampf zieht sie ohne ausgefeiltes Programm. In den Mittelpunkt stellt sie drei einfache Forderungen: Rücktritt von Lukaschenko, Freilassung der politischen Gefangenen sowie faire und freie Neuwahlen.

Tausende hören ihr zu. So viel Mut, wie die drei Frauen beweisen, hat es in Belarus selten gegeben. Viele Frauen schließen sich der Kampagne an. Eine von ihnen besuchen wir im Oktober, zweieinhalb Monate nach der Wahl. Smaliavichy ist eine Kleinstadt, 40 Autominuten von Minsk entfernt. Vieles erinnert hier noch an vergangene Sowjetzeiten, nicht nur das Lenin-Denkmal. In Smaliavichy betreibt Swetlana Statkevich ein kleines Make-up-Studio, ihr Geld verdient sie als Visagistin auf Modeschauen im Ausland. Sie habe stets Lukaschenko gewählt, sagt sie. Doch als er sich im Frühjahr 2020 über das Corona-Virus lustig machte, habe ihr das zu denken gegeben. »Ich sah, dass es keinerlei praktische Schutzmaßnahmen gab. Obwohl genügend Zeit für Vorbereitungen da war, bereitete sich niemand darauf vor. Ich war enttäuscht, dass der Schutz unserer Bürger so schlecht lief.« Swetlana Statkevich schließt sich der Opposition an und unterstützt den Wahlkampf. Die Frau, die sich als unpolitisch verstand, sagt jetzt: »Steter Tropfen höhlt den Stein. In kleinen Schritten wird sich etwas verändern. Und wir sehen jetzt schon Veränderungen, von denen wir vor einem halben Jahr nicht mal träumen konnten.«

Swetlana Statkevich hat auch einen persönlichen Traum: Sie möchte in ihrer Heimat Belarus in ihrem Beruf als Visagistin arbeiten können. »Ich möchte in einer Situation sein, in der ich nicht mehr ins Ausland gehen muss. Für mich ist es prestigeträchtig, auf der Pariser Fashion Week, auf der Mailänder Fashion Week oder auf dem Cannes Festival zu arbeiten. Aber ich möchte, dass sich unsere belarussischen Frauen meine Make-up-Arbeit ebenfalls leisten können. Ich will Schönheit für sie erschaffen!«

Die Wahllokale sind vom 4. bis zum 8. August geöffnet. Bereits am ersten Tag stellen unabhängige Beobachter Hunderte Verstöße fest. Manche Wähler dürfen nicht in die Kabinen, Urnen werden nicht versiegelt und vieles mehr. Wie befürchtet, erweist sich die Wahl als Farce. Lukaschenko wird mit 80,1 Prozent zum Sieger erklärt, auf Tichanowskaja sollen nur 10,9 Prozent der Stimmen entfallen sein.

Damit beginnt Revolution – und mit ihr die Brutalität der Spezialpolizei. Am 1. September veröffentlichen Menschenrechtsexperten der UN einen ersten Bericht. An die 6700 Personen seien festgenommen worden, 450 Fälle von Folter seien dokumentiert. Viele Frauen zählen zu den Opfern der Gewalt, es kommt zu sexuellen Misshandlungen. »Der Staat muss alles in seiner Macht Stehende tun, um jede Form von Missbrauch, einschließlich der Gewalt gegen Frauen, zu verhindern, zu untersuchen und zu bestrafen«, fordern die UN-Experten. Doch Lukaschenko denkt nicht daran. Er wirft der Protestbewegung vor, die Zukunft des Landes zu zerstören und vom Ausland gesteuert zu sein. Alle, auch die Frauen in ihren fantasievollen Gewändern, seien »Leute mit krimineller Vergangenheit«, »Alkoholiker«, »Drogenabhängige«.

Veronika Zepkalo hatte bereits am Vorabend der Wahl das Land verlassen, sie ging zu Mann und Kindern nach Moskau. Swetlana Tichanowskaja ging zwei Tage nach der Wahl zunächst nach Litauen ins Exil. Während die belarussischen Behörden sie zur internationalen Fahndung ausschrieben, erklärte sie sich zur Wahlsiegerin. Sie wolle die Führung des Landes übernehmen und den Übergang organisieren. In den folgenden Wochen und Monaten wird sie zu einer Art Außenministerin der Bewegung. Sie trifft Staatschefs, tritt in Parlamenten auf, veröffentlicht Videostatements. 2022 wird ihr, zusammen mit ihren beiden Mitstreiterinnen, der Karlspreis verliehen. In der Begründung heißt es: »Die drei Leitfiguren der belarussischen demokratischen Bewegung sind energiegeladene, lebendige Symbole für den Geist der Freiheit. Ihre Opfer sind beispiellos. Ihre Botschaften sind ansteckend und aufrüttelnd. Sie sind das unbeugsame Signal an die eigene belarussische Gesellschaft, ihr Schicksal in die Hand zu nehmen; sie sind auch das Signal an eine ermüdende europäische Gesellschaft, wieder überzeugt und kämpferisch für die in Jahrhunderten erstrittenen europäischen Werte einzutreten, die heute in der weltweiten Auseinandersetzung um Profit und Vorherrschaft, aber auch durch den Gleichmut vieler Bürgerinnen und Bürger selbst gefährdet sind.«

Ihre Kampfgefährtinnen sind im Exil, aber Maria Kolesnikowa bleibt, sie will niemals weg. Geboren wurde sie 1982 in Minsk, dort studierte sie an der Musikakademie Querflöte. Ihr Studium setzte sie an der Musikhochschule Stuttgart fort, Alte und Zeitgenössische Musik war ihr Studienfach. Seit dieser Zeit spricht sie perfekt Deutsch. Sie unterrichtete und organisierte Festivals. In der Revolution gehört sie dem Koordinierungsrat der Opposition an, den Lukaschenko erbittert verfolgt. Die Idee zu diesem Koordinierungsrat hatte Swetlana Tichanowskaja. Dieser sollte vermitteln zwischen Lukaschenko und der Opposition, einen friedlichen Übergang koordinieren.

Dem Rat gehörte auch Swetlana Alexijewitsch an, die Literaturnobelpreisträgerin. Ihre Bücher sind auch in Deutschland bekannt. Sie ist eine Schriftstellerin, die sich immer wieder politisch einmischt. Für »Zinkjungen«, in Deutschland 1992 erschienen, interviewte sie Veteranen aus dem russischen Afghanistan-Krieg und die Mütter gefallener Soldaten. Der Titel des Buches bezieht sich auf die Zinksärge, in denen die Leichen zurück nach Russland gebracht wurden. 1992 stand sie für dieses Buch vor Gericht, zu einer Verurteilung allerdings kam es nicht. In »Tschernobyl. Eine Chronik der Zukunft«, in Deutschland 2007 erschienen, kommen von der Nuklearkatastrophe betroffene Menschen zu Wort. Seit sie sich im Koordinierungsrat engagiert, erhält sie Drohungen, merkwürdige Telefonanrufe, an ihrer Tür wird mitten in der Nacht geklingelt. Dann geht das Gerücht, ihre Festnahme stünde unmittelbar bevor. Wir Journalisten warten im Hof, während in ihrer Wohnung die Botschafter verschiedener EU-Staaten Wache schieben. Doch nichts geschieht. Kurze Zeit später reist Swetlana Alexijewitsch nach Berlin aus. Die Ausreise sei nicht politisch motiviert und auch nicht dauerhaft, darauf legt sie Wert.

Kurz vor ihrer Verhaftung gründet Maria Kolesnikowa die »Rasam«-Partei, auf Deutsch »gemeinsam«. Dann ist sie plötzlich verschwunden. Man hat sie verhaftet, wie ihre Freunde nach einigen Stunden wissen. Die Rechtsanwälte sind die Einzigen, die Maria besuchen dürfen. Ihr Anwalt Maksim Snak wird kurz danach selbst verhaftet. Ljudmila Kasak, die das Mandat daraufhin übernimmt, erzählt im Oktober 2020 von ihren Besuchen im Gefängnis: »Jedes Mal überrascht es mich, wie viel Energie sich in ihr ansammelt. Und wie enthusiastisch sie ihre Verteidigung vorbereitet. Sie verliert nicht den Mut. Ganz im Gegenteil. Ihr Wille wird immer stärker.«

Einige Wochen nach Kolesnikowas Verhaftung treffe ich Verwandte und Freundinnen von ihr. Galina Matjukowa war ihre frühere Flötenlehrerin in Minsk. Sie sei ein großes musikalisches Talent, erzählt sie. Und ein Dickkopf, wenn es um Gerechtigkeit geht. »Schon als sie in Deutschland lebte, nahm sie an Projekten teil, in denen es um Redefreiheit ging«, sagt ihre Schwester in einem Interview. »Für sie war das immer wichtig. Sie sagte, dass sich Kultur in einer unfreien Gesellschaft nicht entwickeln kann. Sie fühlte das auf eine sehr feine Art und Weise und konnte es durch Musik ausdrücken.« Die Angst, dass ihr etwas passieren könnte, war von Anfang an da im Familienkreis. »Als Maria sich im Mai 2020 der Kampagne anschloss und Babariko unterstützte, kannten wir alle die Risiken, weil in allen Wahlkampagnen die Kandidaten und ihre Teams verfolgt wurden. Ich wusste, das könnte geschehen – und Maria wusste es auch. Wir sprachen darüber, und ich wusste, dass ich sie nicht stoppen könnte. Als es mit den Verhaftungen losging, als Babariko verhaftet wurde, Freiwillige aus seinem Team, wusste Maria ganz klar, dass sie nicht fliehen, sondern in Belarus bleiben und weiterkämpfen würde.«

Maria Kolesnikowas Vater hat Angst in diesen Herbsttagen, als Treffpunkt schlägt er ein ehemaliges Fabrikgelände vor. »Ich bin stolz und bewundere meine Tochter. Sie sagte einmal: Papa, ich spüre, die sind schwach, und wir sind stark. Wir sind so viele und glauben fest daran, dass das Gute über das Böse siegen wird.«

Bald nach ihrer Verhaftung wird Anklage erhoben: »Gefährdung der nationalen Sicherheit.« Doch dann lässt sich die belarussische Justiz Zeit, lässt die Angeklagte ohne Prozess in Untersuchungshaft schmoren. Erst ein Jahr später wird Maria Kolesnikowa zu elf Jahren Haft verurteilt: »versuchte illegale Machtergreifung.« Hinter Gitterstäben im Gerichtssaal formt sie die Hände zum Herz.

Viele Monate später, Ende Mai 2022 werden die drei mutigen Frauen in Deutschland mit dem renommierten Karlspreis geehrt. Sie seien dafür eingetreten, was den Kern Europas ausmacht: Menschenrechte, Frieden und Freiheit, Rechtsstaatlichkeit, Demokratie und Solidarität, heißt es in der Begründung. Die Laudatio hält Bundesaußenministerin Annalena Baerbock.

Sie würdigt die drei als Vorbilder für Millionen Frauen in Europa. Maria Kolesnikowa ist nach wie vor in Haft. Ihre Schwester nimmt für sie den Preis entgegen.

KAPITEL 7

BELARUS – NINA BAGINSKAJA, DIE BABUSCHKA DER REVOLUTION

Ganz schön schwer, die Kameraausrüstung mit Stativ, Licht und Ton. Wir tragen sie mehrere Stockwerke hoch. Schließlich stehen wir in einer vollgestopften Hinterhofwohnung. Überall Zeitungsstapel, Dokumente. Am Fenster, an ihrer Nähmaschine, sitzt die Babuschka, was übersetzt Großmutter bedeutet. Sie arbeitet an einer weiß-rot-weißen Fahne und erzählt dabei. Nach dem Interview werden noch Bilder gedreht. In dem engen, überfüllten Raum störe ich mein Team bei der Arbeit. Ich gehe in den Flur und schaue sie mir durch den Türrahmen an – die Babuschka.

Nina Baginskaja, fast 80 Jahre alt, ist Ikone und Vorbild für die jungen Frauen auf der Straße. Sie alle wollen mit Nina reden, ihre Hand berühren, sie verehren sie für ihren Mut. Die Babuschka ist auf fast jeder Demonstration dabei, zumeist in der vordersten Reihe, wo sie ihre große – inzwischen verbotene – weiß-rot-weiße Fahne schwenkt. Dann beginnt das immer gleiche Ritual. Die Polizisten entreißen ihr die Fahne. Sie wird festgenommen, einmal im Gefangenentransporter um den Block gefahren und wieder freigelassen. Anschließend geht sie nach Hause, setzt sich an die Nähmaschine und näht die nächste Fahne, für die nächste Demonstration. Das wollen wir zeigen, deshalb sind wir heute hier, in dieser unordentlichen Wohnung. Ordnung hat Nina Baginskaja im Kopf. Das reicht.

Ende September 2020 bin ich wieder unterwegs in Minsk. Es ist Samstag, Frauendemo. Meine Kamerafrau Jenny Schenk fängt die Bilder ein. Es ist wie immer: »Nina, Nina« rufen die Demonstrantinnen, als Nina Baginskaja ankommt, die Fahne in der Hand. Der Rummel um ihre Person ist ihr ein wenig peinlich. »Das macht mich nicht stolz, aber ich verstehe die Situation. Um mich habe ich keine Angst, aber um die jungen Leute.« Ihre Sorge ist berechtigt. Auch heute wieder kommt es zu massiver Polizeigewalt, rund 100 Demonstrantinnen landen in den Gefangenentransportern. Doch sie lassen sich nicht einschüchtern, demonstrieren für Swetlana Tichanowskaja, die Oppositionsführerin im Exil. Schließlich wird auch Nina Banginskaja festgenommen, wieder verliert sie ihre Fahne. »Seit der Wahl vom 9. August ist dies meine achte Fahne. Ich verstehe die jungen Leute. Für sie ist es gut, dass ältere Leute sie unterstützen. Speziell Menschen wie ich, die die Geburt der Nation erlebt haben.« Nina ohne Fahne, das ist undenkbar.

»Einmal marschierte ich ohne Fahne«, erzählt sie, während sie den Stoff für die nächste Fahne zuschneidet, »da kam ein junger Mann und sagte: Hier ist ein Geschenk. Und hat mir als Geschenk eine Fahne über meine Schulter gelegt.«

Nina Baginskaja hat nicht nur die Geburt des Staates Belarus erlebt. Viel früher schon, zu Zeiten der Sowjetunion, war sie im Widerstand, eckte an, kritisierte. Sie wurde 1946 in Minsk geboren und wuchs in einem kritischen Umfeld auf, wie sie sagt. Ihre Eltern, eine Lehrerin und ein Ingenieur, redeten mit ihr über die stalinistischen Säuberungen. Dem *Zeit-Magazin* sagte sie im Oktober 2020: »Als ich jung war, hörte ich von Nachbarn und von meinen Eltern, dass es schon unter Stalin Repressionen gab. Ich wurde damals darauf vorbereitet, dass die Kommunisten sich gegen das eigene Volk wenden würden. Sacharow, Wasil Bykow und andere Intellektuelle lehrten uns, nicht mehr mit der Lüge zu leben. Ich las bei Spartakus, wie dieser sein Volk aus der Sklaverei befreite. Das hat mich geprägt.«

Nina Baginskaja ist sehr sportlich. Ab der achten Klasse übte sie sich im Rennradfahren, später wurde sie in die Jugendmannschaft der Belarussischen Sozialistischen Sowjetrepublik aufgenommen. Doch diese Karriere endete jäh. Nach einem schweren Unfall lag Nina im Koma, ihren Sport musste sie aufgeben. In Minsk studierte sie Radiotechnik und später dann in der Ukraine Geologie, ihr eigentlicher Studienwunsch. Nach dem Diplom ging sie zurück nach Minsk und arbeitete am Belarussischen Geologischen Forschungsinstitut. Erdölexploration war ihr Spezialgebiet.

Es hätte ein ruhiges Leben werden können. Mit ihrem Mann, einem Radsporttrainer, mit Sohn und Tochter und den Enkelkindern, die sie heute hat. Doch Nina Baginskaja ist schon bald als kritischer Kopf unterwegs. Dem *Zeit-Magazin* erzählt sie: »Schon 1988 sah ich unsere weiß-roten Flaggen gegen den Kommunismus wehen. Ich war 42 Jahre alt, als ich mich den Protestbewegungen anschloss. Ich wollte nicht, dass meine Kinder für die Sowjetunion ihren Kopf hinhalten müssen – weder bei der Niederschlagung eines weiteren Prager Frühlings noch bei einem Afghanistan-Einsatz. Doch das, was wir in den Achtzigerjahren erreichen wollten, ist nie in Erfüllung gegangen. Wir waren zu wenige. Die parlamentarische Republik ist ein Traum geblieben. Und Lukaschenko kam an die Macht.«

Bereits in der ersten Amtszeit Lukaschenkos verliert Nina

Baginskaja ihre Arbeit. Angeblich, so erzählt sie, weil sie einen Bericht in belarussischer Sprache und nicht im offiziellen Russisch verfasst hat. Sie wechselt von Job zu Job, arbeitet als Näherin. Schon 1988 beteiligte sie sich an einer Mahnwache. Es ging um Massengräber aus der Stalin-Ära, die man in einem Waldgebiet bei Kurapaty nahe Minsk entdeckt hatte. Zwischen 1937 und 1941 wurden hier Tausende Menschen ermordet. Die sowjetische NKDW, die Geheimpolizei, transportierte die Opfer per Lkw hierher, ließ sie erschießen und verscharrte sie in Massengräbern. Die Wahrheit über Kurapaty hielten die sowjetischen Behörden über Jahrzehnte geheim. Man versuchte, die Gräber zu beseitigen. Als dies nicht gelang, behauptete die Staatspropaganda, die Toten seien Opfer der »faschistischen deutschen Okkupation«. Mutigen Menschen wie Nina Baginskaja verdanken wir es, dass die Mordtaten der Stalin-Diktatur nicht vertuscht werden konnten.

Wahrheiten, die den heutigen Machthabern in Belarus und in Russland noch immer unbequem sind. Ein Beispiel: Im Dezember 2021 verbietet der Oberste Gerichtshof Russlands die Menschenrechtsorganisation Memorial. Sie ist so etwas wie das historische Gewissen der postsowjetischen Welt. Im Keller des Memorial-Büros in Moskau wird eine Ausstellung über Frauen im Gulag gezeigt. Aus Flicken genähte Kleider sind zu sehen, eine gestickte Ikone, handgeschriebene Gedichte. Wichtige Erinnerungen an die Stalinzeit. »Für unser Land hat die Geschichte der Repressionen sehr große Bedeutung«, sagt der Historiker Sergej Bondarenko von Memorial. »Schon deshalb, weil fast jede Familie direkt oder indirekt betroffen war. Wenn man keine Häftlinge in der Familie hatte, dann bestimmt im Freundeskreis. Doch obwohl das Thema uns alle betrifft, ist es in der Öffentlichkeit kaum präsent.«

Nun also das Verbot von Memorial. Die Organisation habe gegen Auflagen verstoßen, so die Begründung. Es ist ein formaler, ein konstruierter Vorwurf. Memorial musste sich 2016 in Russland als »ausländischer Agent« registrieren, weil die Organisation teilweise vom Ausland finanziert wurde. Das bedeutet: Alle Publikationen müssen mit einem Hinweis darauf versehen sein. Bei einigen älteren Büchern, bei einigen alten Internetseiten fehlte dieser Hinweis. Darauf basierte die Anklage.

Präsident Putin äußerte sich vor dem Urteil bei einer Sitzung des russischen Menschenrechtsrats: Er habe Memorial stets geschätzt, nun aber erfahren, dass unter den Menschen, die man dort als Opfer der Repression bezeichne, auch Täter seien, die mit den Nazis zusammengearbeitet hätten. Vielleicht war das ein Zeichen an das Gericht: Russlands Präsident, kann man daraus lesen, stellt sich nicht schützend vor Memorial.

Die Organisation ging in Berufung und verlor im Februar 2022, nach Kriegsbeginn, vor dem Obersten Gericht Russlands. Damit ist das Verbot endgültig. In einer Erklärung einiger Organisationen, darunter auch der Heinrich-Böll-Stiftung, heißt es: »In einem politischen System, in dem ein brutaler Angriffskrieg auf ein Nachbarland als ›antifaschistische militärische Aktion zur Denazifizierung‹ deklariert wird, hat die Perversion von Geschichtsdeutung und politischer Moral längst den Höhepunkt erreicht. Unsere Freundinnen und Freunde von Memorial haben sich jahrzehntelang mit all ihrer Kraft gegen eine solche Entwicklung gestemmt. Auch in der Stunde der größten Niederlage und eigenen Bedrohung gilt die Aufmerksamkeit von Memorial nicht sich selbst, sondern den Opfern des Aggressionskriegs gegen die Ukraine.«

Nina Baginskaja jedenfalls kämpft für die Erinnerung. Schon

zu Sowjetzeiten wird sie häufig festgenommen, genauso wie auch danach. 2014 verbrennt sie vor dem KGB-Gebäude eine sowjetische Flagge, um an die stalinistische Unterdrückung belarussischer Kulturschaffender zu erinnern. 2019 versucht sie, einen Bagger zu stoppen, der in Kurapaty Erinnerungskreuze zerstören soll. Sie wird oft verurteilt, wegen »Rowdytum« und »Ungehorsam gegenüber Polizisten«. Doch die Geldstrafen, die man ihr auferlegt, zahlt sie einfach nicht, sie hält sie für nicht legitim. Pfändungen folgen, ihre Rente wird gekürzt. Das nimmt sie in Kauf, finanzielle Hilfe, etwa durch Menschenrechtsorganisationen oder aus dem Ausland, lehnt sie ab. Sie schafft alles allein. »Die Leute an der Macht sollten für die Menschen leben. Doch Lukaschenko lebt nur für sich selbst. Das Einzige, was die Menschen machen können, ist streiken und ungehorsam sein. Dann bricht Lukaschenkos Wirtschaft zusammen. Wir sollten das verstehen und Opfer bringen.«

All die Geschichten aus ihrem Leben erzählt Nina Baginskaja, als wir mit ihr auf ihre Datscha fahren, eine kleine Holzhütte mit gepflegtem Obst- und Gemüsegarten etwas außerhalb von Minsk. Von Frühling bis Herbst ist sie hier, so oft es geht. Auf der Datscha ist sie nicht die Politaktivistin, sondern ganz die Babuschka. Sie erklärt mir jeden Baum, jede Pflanze, jeden Strauch. Lässt mich von ihren köstlichen, alten Apfelsorten probieren. Ich frage mich, wann diese viel beschäftigte Frau Zeit für Gartenarbeit findet.

Aber natürlich reden wir an diesem Nachmittag auch über Politik, die Revolution und ihre Rolle darin. »Ich bin keine Ikone, wirklich nicht«, sagt sie. »Für einen Menschen ergibt es keinen Sinn, sich über andere zu erheben. Alle Menschen sind gleich.« Nina freut es, dass in diesen Tagen zunehmend auch

Menschen ihrer Generation mitmachen bei der Revolution. »Die Jungen sind glücklich damit, dass selbst wir, die Älteren, aufstehen. Sie schauen auf mein Beispiel und auf andere ältere Männer und Frauen, denen alles gleichgültig war, die ermüdet waren vom Kampf gegen die Diktatur und sich eingerichtet hatten auf ihren Datschen, auf dem Sofa beim Zeitungslesen.«

An diesem Tag im Herbst 2020 glaubt Nina Baginskaja ganz fest an den Erfolg. Sie sieht ihn zum Greifen nahe. »Einige meiner Träume für Belarus sind schon wahr geworden«, sagt sie. »Wir haben jetzt zwei Präsidenten im Land. Eine legitime Präsidentin – und einen illegitimen Präsidenten. Lukaschenko hat sich selbst gewählt. Die legitime Präsidentin ist Swetlana Tichanowskaja. Die meisten Leute stimmten für sie. Swetlana wurde aus dem Land getrieben und wird zurückkommen. Die Macht wird dann an das Parlament übergehen. Ich würde gern in einer parlamentarischen Demokratie leben, frei und ohne eine Sklavin zu sein«.

Doch es kommt anders. Mit immer neuen Gewaltexzessen unterdrückt das Regime jede Form des Protestes. Diejenigen Frauen, die ab Sommer 2020 die Revolution mit so viel Energie vorangetrieben haben, sind heute im Gefängnis oder im Ausland. Lukaschenko lässt ein Flugzeug entführen und setzt Flüchtlinge als Waffe gegen die EU ein. Handlungen, die ich von Terrororganisationen erwartet hätte, nicht von einem international anerkannten Staat. Der, wie Nina Baginskaja sagt, »illegitime Präsident« spielt auf Zeit. Er setzt auf ein Referendum zu einer Verfassungsänderung. Zugleich begibt er sich in immer größere Abhängigkeit vom großen Nachbar Russland, ohne dessen Erdgas und Kredite Belarus nicht überleben könnte. Diese Lage verschärft sich. Die wichtige IT-Industrie ist bereits vollständig emigriert. In Polen, der Ukraine und Litauen dagegen entwickeln sich immer mehr Start-ups in dieser Zukunftsbranche. »Wie können wir hierbleiben?«, sagte mir eine junge IT-Unternehmerin im Sommer 2020. »Wir sind abhängig von internationalen Investoren und Aufträgen. Wer will schon in dieses Land investieren?«

Bleibt Russland. Es ist eine seltsame Allianz. Auf der einen Seite steht Wladimir Putin, der Ex-Geheimdienstmann, der kühle Stratege, dessen Entscheidungen ideologisch und nationalistisch, aber dennoch durchdacht sind. Und auf der anderen Lukschenko, der schon mal mit der Kalaschnikow rumfuchtelt. Putin hasst Lukaschenko, behaupten viele. Aber er braucht ihn, bis ein Moskau genehmer Nachfolger installiert ist. Denn eines will Putin nicht: dass sich Belarus dem Westen zuwendet wie seinerzeit die Ukraine.

Artyom Shraibman ist ein von uns Korrespondenten hochgeschätzter Analyst der russischen und belarussischen Politik. Er hat Internationales Recht an der Staatlichen Belarussischen Universität studiert und Politik an der London School of Economics. Im Oktober 2020 lebt und arbeitet Shraibman noch in Minsk. In einem unserer Interviews prognostiziert er schon damals: »Wenn Lukaschenko mehr und mehr Unterstützung von Russland einfordert, und das ist sehr wahrscheinlich, wird Russland seine Vorstellung von einer Machtübergabe und einer Verfassungsreform voranbringen. Ich glaube nicht, dass der Druck brutal sein wird. Ich glaube nicht, dass Russland den Öl- und Gashahn abdrehen würde, um Lukaschenko enger zu binden. Es könnte aber Verzögerungen in der Kreditvergabe geben und in Zusammenhang mit politischen Reformen gesetzt werden.«

Dann kommt der 23. Mai 2021. Flug Ryanair 4978 befindet sich von Athen kommend bereits im Anflug auf die litauische Hauptstadt Vilnius. Kurz vor der Grenze zu Litauen tauchen im belarussischen Luftraum Kampfjets auf, eskortieren die Boeing 737 und zwingen sie zur Landung in Minsk. »Die Maßnahmen wurden ergriffen, um die Situation zu beurteilen und die richtige Entscheidung zu treffen«, sagt der stellvertretende Kommandeur der belarussischen Luftwaffe. Es habe eine Bombendrohung gegeben, doch es gibt viele Ungereimtheiten. Die auffälligste wird mit einem Blick auf das Flugportal Flightradar schon kurz nach der erzwungenen Landung klar. Die Boeing befand sich viel näher an Vilnius als an Minsk, sie musste mit einem aufwendigen Flugmanöver in Richtung der belarussischen Hauptstadt umgeleitet werden. Macht man dies mit einer potenziellen Bombe an Bord? Oder landet man nicht, so schnell es eben geht? Unnötig zu sagen, dass eben keine Bombe an Bord war, sondern der Mitgründer und ehemalige Chefredakteur der kritischen Netzpublikation »Nexta«, Raman Protassewitsch, und seine Lebensgefährtin Sofia Sapega. Beide werden verhaftet. Im Exil ist Oppositionsführerin Swetlana Tichanowskaja entsetzt: Vor einer Woche sei sie die gleiche Route geflogen, sagt sie. »Sieben Tage später haben sie Geheimdienst und Kampfflugzeuge aufgeboten, um ein Zivilflugzeug zu entführen und Raman als Geisel zu nehmen.« Und um ein Zeichen zu setzen: Ihr könnt ins Exil gehen, wohin auch immer. Wir kriegen euch trotzdem!

Noch während der Haft veröffentlichen die Behörden ein merkwürdiges Video. Sofia Sapega trägt Jeans und eine schwarze Lederjacke. Sie sitzt in einer Art Verhörraum und spult, das Gesicht frontal zur Kamera, völlig ohne Emotion einen wohl auswendig gelernten Text ab. Sie habe für einen Telegram-Kanal gearbeitet, der persönliche Daten von Sicherheitskräften veröffentlicht. Der Kanal sei extremistisch. Sofia Sapega bezichtigt sich damit einer Straftat. Viele, die sie kennen, halten das »Geständnis« für erzwungen. »Wir alle denken, das Video ist eine Lüge«, sagt eine ihrer Kommilitoninnen der BBC. Und auch Raman Pratassewitsch gesteht fleißig, sogar auf einer Pressekonferenz. So viel Kooperation weiß das Regime zu schätzen. Knapp fünf Wochen nach der Flugzeugentführung werden beide aus der Haft entlassen und dürfen in den Hausarrest in Minsk.

Sofia Sapega und Raman Pratassewitsch werden im Dezember 2021 offiziell angeklagt in den Punkten, die sie bereits öffentlich »gestanden« haben. Sapega wird zu sechs Jahren Haft verurteilt. Pratassewitsch wird beschuldigt, Massenunruhen geschürt zu haben. Darauf stehen bis zu 15 Jahre Gefängnis.

Es ist nicht das einzige juristische Nachspiel. Im Januar 2022 erhebt die Staatsanwaltschaft New York Anklage wegen »Verschwörung zur Luftpiraterie« gegen den Generaldirektor der belarussischen Flugsicherung, seinen Stellvertreter und zwei Mitarbeiter der belarussischen Sicherheitsdienste. Unter den Passagieren der Ryanair-Maschine seien auch vier US-Staatsbürger gewesen. Eine eher symbolische Anklage. Die Beschuldigten hielten sich weiterhin in Belarus auf, teilt die Staatsanwaltschaft mit. Damit bestehe keine Chance auf ein Strafverfahren.

Am 3. Juni 2020 schaut Artyom Shraibman Fernsehen. Im belarussischen Staats-TV gibt Pratassewitsch ein Interview. Wieder ein Geständnis, und er nennt Namen angeblicher Mitverschwörer. Shraibman, der sich nie als Teil der Protestbewegung, sondern immer nur als politischer Beobachter verstanden hat, hört auch seinen Namen. Da weiß er, es ist Zeit, die Koffer zu packen. Zwei Tage später ist er in Kiew, im Exil. Kurze Zeit später, am 15. August, veröffentlicht die Publikation »The Bell« einen Artikel von ihm zur Zukunft von Belarus. »Es gibt ein Szenario, in dem es Lukaschenko letztendlich gelingt, Fehler zu vermeiden und eine kontrollierte Machtübergabe durchzuführen. Aber es ist schwer zu sagen, wie lange das dauern könnte – ein Jahr, vielleicht vier oder fünf. Er hat versprochen, bei den nächsten Wahlen nicht anzutreten. Und mir scheint, dass es ihm in der Tat schwerfallen würde, bei neuen Präsidentschaftswahlen anzutreten – in den Augen Moskaus, in den Augen seiner eigenen Nomenklatura und vor allem in den Augen der belarussischen Öffentlichkeit.«

Lukaschenko jedenfalls hat sich per Referendum die Möglichkeit gesichert, bis 2035 Präsident zu bleiben, und obendrein, wohl aus gutem Grund, lebenslange Straffreiheit. Zudem machte das Referendum den Weg für eine dauerhafte Stationierung russischer Truppen und Atomwaffen im Land frei. Angeblich haben 65 Prozent der Bevölkerung zugestimmt. Während der Abstimmung demonstrierten in vielen belarussischen Städten die Menschen gegen den Krieg in der Ukraine. Einige Hundert wurden festgenommen.

Wie also steht es um die Revolution in Belarus? Ist sie gescheitert? Swetlana Alexijewitsch, die belarussische Schriftstellerin und Trägerin des Literaturnobelpreises, war Mitglied des Koordinierungsrates der Opposition. Seit September 2020 lebt sie in Berlin und schreibt. In einem Interview mit der Deutschen Welle sagt sie, die Revolution sei eben nicht verloren. »Da ist eine Elite, die sich in einer ganz neuen Qualität zusammentut. Da ist das belarussische Volk, dem die Augen aufgegangen sind. Die Menschen werden nie vergessen, wie sie in Hinterhöfen gesessen und Tee getrunken haben, wie sie gemeinsam auf die

Märsche gegangen sind. Viele der Helden meines Buchs sagen das: Wir haben von einem Sonntag zum anderen gelebt und dort so viel Energie gesammelt, dass wir Rückgrat bekommen haben. Wir haben begonnen, eine Nation zu werden.«

Vieles hat die nach meiner Meinung nur vorerst gescheiterte Revolution in Belarus bereits verändert. Die alten Rollenbilder werden hinterfragt. Belarus beginnt, eine Identität zu finden. Man kann Menschen mit immer härterer Gewalt von der Straße prügeln. Aber Gedanken und Gefühle aus ihnen herausprügeln, das kann man nicht. Man kann nur Angst verbreiten. Doch gegen diese Angst gibt es ein Gegenmittel: die Bilder vom Sommer 2020, die noch immer im Netz stehen. Bilder von stolzen Frauen, Bilder voller Mut und Hoffnung. Auch wenn viele, und gerade die quailifiziertesten, das Land verlassen haben.

Auf Widerstand reagiert das Regime in Minsk wie gewohnt. Protest wird immer hartnäckiger verfolgt. Jüngst wurde sogar die Anwendung der Todesstrafe ausgeweitet. Sie kann jetzt schon bei Vorbereitung und dem »Versuch eines Terroraktes« verhängt werden.

Doch Nina Baginskaja steht unverdrossen mit ihrer Fahne auf den Plätzen von Minsk. Ganz allein. Sie ist die letzte Demonstrantin. Die Babuschka mit der großen Fahne, die Frau an der Nähmaschine, die beharrlich neue Fahnen zusammengeschneidert hat.

Zum Abschluss unseres damaligen Besuches auf ihrer Datscha sagt sie: »Wir werden uns selbst befreien. Da gibt es Beispiele aus anderen Ländern. Wir sind nicht die Ersten und nicht die Letzten, die in einer Diktatur leben. Wir werden frei sein. Nichts ist auf ewig in dieser Welt. Wir werden Erfolg haben.«

Und dann gibt sie mir leckere Äpfel mit. Für den Heimweg.

KOMMENTAR

INTERNATIONALE KONVENTIONEN ZUM SCHUTZ VON FRAUEN

1975 fand das internationale Jahr der Frau statt, an dem viele Frauenorganisationen aus den beiden damaligen »Blöcken« in Ost und West, aber auch des globalen Südens und Asiens teilnahmen. In der nachfolgenden Dekade wurde eine Frauenrechtskonvention erarbeitet, die am 18. Dezember 1979 von der UN-Generalversammlung verabschiedet wurde und 1981 in Kraft trat. Dieses »Übereinkommen zur Beseitigung jeder Form von Diskriminierung der Frau« (oder auch CEDAW im englischen Sprachgebrauch) war eine wichtige internationale Absichtserklärung, gegen die Diskriminierung von Frauen vorzugehen und sich für ihre Gleichstellung mit Männern einzusetzen. Zu den Erstunterzeichnern dieser Selbstverpflichtung gehörten 1981 die Sowjetunion und explizit die beiden sozialistischen Sowjetrepubliken Belarus und Ukraine, da sie seit 1945 einen eigenen Sitz bei den Vereinten Nationen hatten. Aserbaidschan trat der Frauenrechtskonvention im Juli 1995 bei, Kirgistan 1997.

Ein weiteres, wichtiges Dokument zur Wahrung von Frauenrechten wurde 2011 vom Europarat erarbeitet und 2014 verabschiedet. Das »Übereinkommen des Europarats zur Verhütung und Bekämpfung von Gewalt gegen Frauen und häuslicher Gewalt«, auch »Istanbuler

Konvention« genannt, wurde von Aserbaidschan nicht unterzeichnet, obwohl das Land seit 2001 Mitglied im Europarat ist. Die Türkei trat 2021 aus der Vereinbarung aus.

Mit den genannten internationalen Absichtserklärungen verpflichten sich die betreffenden Länder nicht nur, regelmäßig Berichte zur Einhaltung von Frauenrechten, Förderung der Chancengleichheit, Ahndung von Diskriminierung und Gewalt gegen Frauen vorzulegen. Es werden auch Rechtsnormen definiert, die dann im nationalen Recht oder bei Prozessen einen Referenzrahmen bilden. Die nationale Umsetzung oder Anwendung hängt stark von einer innenpolitischen Gestaltung der Frauenpolitik und kulturell geprägten Geschlechterverhältnissen ab.

KAPITEL 8

ASERBAIDSCHAN UND ZENTRALASIEN – AUSBRUCH AUS PATRIARCHALEN STRUKTUREN

Gulnara Mechtieva treffe ich auf der Dachterrasse eines hippen Einkaufszentrums. Junge Leute, überwiegend Frauen, betreiben hier einen Coworking-Space. Überall sitzen sie mit ihren Smartphones und Mac-Books, Freiberuflerinnen eben, wie in jeder modernen Stadt. Mechtieva ist eine der bekanntesten Frauenrechtlerinnen in Aserbaidschan. Beim Cappuccino beginnt sie zu erzählen: »Ich stamme aus einer sehr männerdominierten Familie. Mein Vater hat Frauen missbraucht. Als ich aufwuchs, wurde ich Zeugin, wie meine Mutter und meine Schwester von ihm unterdrückt wurden. Mit der Zeit verstand ich, dass das kein persönliches Problem ist, sondern dass Tausende Frauen in Aserbaidschan ihrer Freiheit beraubt werden.«

Seit einigen Tagen bin ich in Baku, der Hauptstadt Aserbaidschans. Gerade ist Fußball-Europameisterschaft. Warum mehrere Spiele der EM gerade hier ausgetragen werden, weit weg von Europa, das weiß nur die UEFA. Wahrscheinlich geht es um Geld, denn das Land ist reich, hier wird Öl gefördert. Da stört es dann nicht, dass mit Präsident Ilcham Aliyev ein Autokrat herrscht, der systematisch jede Opposition im Land unterdrückt.

Immerhin hat mir diese absurde EM eine Akkreditierung für das Land gebracht, die ansonsten nur schwer zu bekommen ist. Also mache ich ein wenig Sportberichterstattung. Das Stadion ist fast leer, wenn die Schweiz spielt, und etwas voller beim Spiel der Türken. Schließlich ist die Türkei ein Nachbarland, auch wenn die gemeinsame Grenze nur 17 Kilometer misst. Die Fußballspiele sind langweilig – und eigentlich interessieren mich ohnehin andere Themen.

Ich werde nach Bergkarabach fahren, die zwischen Armenien und Aserbaidschan umkämpfte Region. Am meisten allerdings interessiert mich die Situation der Frauen im Land. Auf den Straßen der Millionenstadt Baku sieht man junge, weltoffene Frauen, nicht anders als in westlichen Großstädten. In der Provinz allerdings ist die Situation anders. Frauen haben dort kaum Bildungschancen, viele werden als junge Mädchen zwangsverheiratet und von ihren Männern wie Sklavinnen gehalten und verprügelt. »Frauen auf dem Land werden ihrer Grundrechte beraubt«, sagt Mechtieva. »Sie haben keine finanzielle Freiheit. Mädchen auf dem Land sind von ihrer Familie abhängig. Und nach der Heirat vollständig von ihrem Ehemann.«

Dagegen kämpft Mechtieva. Zum Weltfrauentag 2021 hat sie zusammen mit anderen in Baku eine Demonstration für Frauenrechte organisiert, die allerdings schnell und brutal von der Polizei niedergeknüppelt wurde. Die erste Demonstration zum Weltfrauentag fand bereits 2019 statt. Zwei Tage zuvor nahm die Polizei Mechtieva fest und zwang sie, die Ankündigung der Demo auf Facebook zu löschen. Die nächste Kundgebung 2020 nahmen die Behörden ernster. »Gleich nach der Demonstration wurden meine Social-Media-Accounts gehackt. Sie hatten alle meine privaten Daten.« Vor der Demonstration 2021 erbeuteten die Behörden aus ihrem Account eine private Sprachnachricht. Mechtieva erzählt darin einer Freundin intime Details, auch über ihre psychischen Probleme. »Auf einer regierungsnahen Facebook-Seite postete man diese Nachricht«, sagt sie. »Sie schrieben dazu: Schaut, dieses Mädchen ist schizophren, sie ist emotional unstabil.« Dieselbe Taktik wendeten sie auch gegenüber anderen Organisatorinnen der Demonstration an. Sie kamen an persönliche Fotos und teilten sie auf regierungsnahen Social-Media-Kanälen. »Noch verhaften sie uns Frauen nicht, das entspräche nicht der Mentalität, der Tradition Aserbaidschans. Sehr selten verhaften sie Frauen aus politischen Gründen. Aber wir sind Opfer anderer Repressionen.«

Gulnara Mechtieva nennt mir ein weiteres Beispiel. »Ich hatte eine feministische Gruppe. Sie hackten meinen Account. Anschließend kam die Polizei zu jeder einzelnen Teilnehmerin dieser Gruppe, sammelte Daten und stellte sehr persönliche Fragen. Die Methoden der Polizei sind weitgefächert. Frauen werden als Nutte beschimpft, ihre persönlichen Fotos und Videos landen im Netz, ihre Familien werden eingeschüchtert.«

Am Tag nach unserem ersten Gespräch trifft Mechtieva in einem Café eine Frau, die Hilfe sucht. Lang haben beide überlegt, ob das ARD-Team dabei sein und filmen darf. Aidan hat Angst, ihren Nachnamen sollen wir nicht nennen. Denn Aidan ist transident: Sie wurde als Mann geboren, fühlt sich aber als Frau und lebt auch so. Sie arbeitet als Prostituierte, einen anderen Job hat sie in Baku nicht gefunden. Aidan hat kürzlich ihre Wohnung verloren, ihr Vermieter hat sie rausgeworfen. Gewalt durch die Polizei ist für sie Alltag. »Ich wurde verleumdet. Hatte angeblich eine Person geschlagen, die ich nie in meinem Leben gesehen habe. Und dann, vor den Überwachungskameras, wurden mein Freund und ich vom Chef der Polizeistation zusammengeschlagen.« Aidan und Mechtieva wollen, dass das Interview im Fernsehen gezeigt wird, damit die Öffentlichkeit von ihrer Situation erfährt. Zwei mutige Frauen.

Theoretisch ist Aserbaidschan ein fortschrittliches Land, was Frauenrechte betrifft. Bereits 1919 wurde das allgemeine Wahlrecht eingeführt. Zum Vergleich: In der Schweiz dürfen Frauen erst seit 1971 wählen. Zu diesem Zeitpunkt hatten Aserbaidschanerinnen bereits seit einem halben Jahrhundert das Recht, sowohl zu wählen als auch bei Wahlen zu kandidieren. Seit 2007 sind Frauen auch in gehobenen politischen Positionen. In ihren politischen Aktivitäten sind Frauen nicht eingeschränkt. Zwischen 2005 und 2015 stieg der Frauenanteil im Parlament von elf auf 17 Prozent. Bei der letzten Parlamentswahl 2015 wurden 21 Frauen in das 125-Sitze-Parlament gewählt. Sogar eine Vizepräsidentin hat das Land.

Und genau hier endet die Theorie und beginnt die Realität.

Denn besagte Vizepräsidentin ist Mehriban Aliyeva, die Ehefrau des amtierenden Autokraten. Ilcham Aliyev, der das Präsidentenamt von seinem Vater »geerbt« hat, regiert mit eiserner Hand. Korruption ist das treibende Element in Aserbaidschan. Der Begriff »Kaviar-Diplomatie« macht die Runde: Vor allem im Europarat agieren aserbaidschanische Lobbyisten sehr erfolgreich mit teuren Geschenken und Einladungen. Im Gegenzug wird schon mal ein kritischer Bericht über politische Gefangene im Plenum abgelehnt und eine offenkundig manipulierte Wahl einfach zur Kenntnis genommen. Einfluss und Macht erkauft man sich mit Öl-Milliarden. Recherchen von *Süddeutscher Zeitung*, *Tages-Anzeiger* und *Le Monde* enthüllten Geldflüsse in Höhe von 2,5 Milliarden Euro über vier Briefkastenfirmen. Laut den »Pandora-Papers« kaufte die Präsidentenfamilie über Offshore-Firmen in Großbritannien Liegenschaften im Wert von 389 Millionen Pfund.

Nach einigen Tagen in der Hauptstadt Baku fahren mein Team und ich in die zwischen Armenien und Aserbaidschan seit vielen Jahren umkämpfte Region Bergkarabach. 2020 hat Aserbaidschan weite Teile des Gebiets in einem blutigen Krieg gegen armenische Truppen zurückerobert. Seitdem herrscht ein brüchiger Frieden, immer wieder kommt es zu kleineren Kämpfen. Trotzdem dürfen einzelne Flüchtlingsfamilien, einst von Armenien aus ihrer Heimat vertrieben, mit einer Sondergenehmigung ihre Heimatdörfer zumindest tageweise besuchen. Eine dieser Familien wollen wir begleiten und dabei auch über die Situation von Frauen und Mädchen in der Provinz mehr erfahren.

Frühmorgens erreichen wir eine alte Fabrik am Stadtrand von Baku, wo heute Flüchtlinge aus Bergkarabach leben. Wir gehen mit unserer Filmausrüstung durch düstere Gänge, das Treppenhaus scheint mir einsturzgefährdet, überall hängen notdürftig befestigte Stromleitungen und nackte Glühbirnen. Schließlich begrüßt uns Solmaz Babashova. Sie und ihr Mann Ismayil stammen aus dem Gebiet Zangilan, direkt an der Grenze zum Iran. Solmaz begleitet uns in das Zimmer, in dem sie mit ihrem Mann wohnt. Welch ein Kontrast zum Treppenhaus: Alles ist liebevoll aufgeräumt, für uns, die Gäste, stehen Getränke und Süßigkeiten bereit. In Zangilan lebte die Familien von der Landwirtschaft, bis im Oktober 1993 die armenische Armee das Gebiet eroberte. Sie mussten fliehen und fanden hier eine Unterkunft. »Wir hatten andere Pläne für unsere Kinder. Wir wollten sie auf unserem Grund und Boden großziehen«, sagt Solmaz. »1993 kamen wir nach Baku, als mein zweites Kind geboren wurde. Mein zwei

Jahre alter Sohn war so vertraut mit dem Lärm der Bombardie-
rungen und der Hubschrauber, dass er auf allen vieren ins Haus
krabbelte, wenn er sie hörte.«

Seit dieser Zeit wohnen Solmaz und Ismayil Babashov in der
alten Fabrik. Nur die Kinder sind umgezogen. Das könnten die
beiden zwar auch, Ismayil hat Arbeit gefunden als Elektriker.
Doch dann würden sie das Recht verlieren, in ihre alte Heimat
zurückzukehren. So sind hier die Regeln. »Ich zähle meine Tage«,
sagt Ismayil. »Auf der Arbeit fragen mich die Leute, warum ich
in der Unterkunft lebe. Ich sage ihnen, dass ich in mein Land
zurückgehen muss. Ich will nicht in Baku arbeiten. Ich brau-
che mein Land. Ich weiß nicht, wie viel Zeit mir bleibt. Ich bin
bald 60 Jahre alt.« Ismayils Mutter backt Reiseproviant in einem
kleinen Elektroofen, Baklava, eine lokale Spezialität. Wie sie es
immer getan hat, auch damals in Zangilan, vor fast 30 Jahren.

Der Duft des Gebäcks erinnert sie an die Heimat, an die Zeit
vor dem Krieg. »Stellen Sie sich vor: Die Bombardierung war so
stark, ich fiel zu Boden. Ich lief mit nackten Füßen davon. Wir
flohen am 26. Oktober 1993. Wir gingen über den Fluss Aras
in den Iran, wo wir für drei Tage aufgenommen wurden. Dann
kamen wir hierher. Wir erlebten Geschichte. Wir sahen sie mit
eigenen Augen«, sagt Ismayils Mutter.

Ihre Heimat werden sie am nächsten Tag zum ersten Mal
wiedersehen, wenn auch nur für ein paar Stunden. Alle sind
aufgeregt, sie haben Tränen in den Augen, als es losgeht. Rund
400 Kilometer sind es bis zu ihrem Dorf. Immer wieder passieren wir ausgebombte Häuser. Je näher man Zangilan kommt,
desto stärker fallen die Hinterlassenschaften der Kriege von 1993
und 2020 ins Auge.

Schließlich erreichen wir Zangilan. Ein paar Kilometer noch, dann sind sie bei ihrem Haus. Es ist eine Ruine, nur die Grundmauern stehen noch. Fast 30 Jahre lang war hier niemand mehr. Ismayils Mutter steht minutenlang schweigend vor den Trümmern. Mit leiser Stimme sagt sie: »Wir hatten ein glückliches Leben hier. Jetzt ist alles zerstört, alles überwachsen. Man kann nicht reingehen. Von meinem Haus ist nichts übrig.« Ein paar Haushaltsgegenstände finden sie. Das ist alles, was von ihrem früheren Leben übrig geblieben ist.

Auf dem Rückweg fahren wir durch die Dörfer, in denen die Frauen leben, von denen mir die Frauenrechtlerin Gulnara Mechtieva zuvor erzählt hat. Dörfer, in denen Clans herrschen, in denen Mädchen nichts wert sind, weil sie für die Familie vor allem eine finanzielle Belastung darstellen. Viele werden bereits als Kinder verheiratet. »Ja, Zwangsverheiratung gibt es in Aserbaidschan«, sagt Mechtieva. »Viele Mädchen im Alter von 13 bis 16 werden in Ehen gezwungen. Das findet auf dem flachen Land statt, wo Eltern ihre Töchter loswerden wollen, aus Tradition oder wegen der finanziellen Belastung. Viele Mädchen fühlen sich nicht vollständig, wenn sie nicht bis zum 18. Lebensjahr verheiratet sind. Sie sehen die anderen, die verheirateten Mädchen um sich herum, das belastet sie. Es hat aber auch mit den schlechten ökonomischen Bedingungen und dem schlechten Bildungswesen auf dem Land zu tun. Mädchen haben keinen Zugang zu höherer Bildung, können sich nicht qualifizieren oder einen Job finden. Als einzige Alternative bleibt die Heirat.«

Laut Gesetz dürfen Mädchen auch in Aserbaidschan erst ab 18 heiraten. Doch viele Eltern verzichten auf das offizielle Standesamt, geheiratet wird kirchlich, im Rahmen von religiösen Zeremonien. Die Behörden sollen das unterbinden, verlangt das Gesetz. »Das Gesetz ist nicht effektiv«, sagt Mechtieva. »Die

Polizisten stammen aus dem gleichen Dorf. Sie sind Verwandte oder Freunde derer, die verheiratet werden. So sind sie zögerlich, Druck auszuüben gegen Menschen, die sie kennen oder mit denen sie verwandt sind.«

Ich würde gern mit den Mädchen auf dem Land sprechen, aber das ist unmöglich. Als Fremde fallen wir hier auf. Wir fahren auf staubigen Straßen durch die Dörfer, misstrauisch beäugt von den Bewohnern.

Zurück in Baku ziehe ich eine Zwischenbilanz der Reise, lese nochmals das lange Interview, das wir mit Gulnara Mechtieva geführt haben. »Keine Frau in Aserbaidschan kann frei über ihre Sexualität entscheiden oder darüber, wohin sie geht, was sie anzieht, wie sie aussieht, wie ihre Haare gemacht sind. Wenn es um Entscheidungen über ihren Körper geht, braucht sie die Erlaubnis ihres Ehemanns oder der Familie. Das Gleiche gilt für ihr Leben, die Erziehung, die Karriere. Wann sie zu Hause sein muss, ob sie ins Ausland reisen kann, eben für alles.«

Dies sei nicht nur in Aserbaidschan so, sagt Gulnara Mechtieva, sondern überall in den zentralasiatischen Ländern. Abends, im Hotel, lese ich nach. Ich stoße auf eine Geschichte aus Kirgistan.

März 2020, Weltfrauentag. Wie an vielen Orten der Erde gehen auch in der kirgisischen Hauptstadt Bischkek Frauen für ihre Rechte auf die Straße. Gruppen von Männern, teilweise maskiert, greifen die Frauen massiv an, auch Zuschauerinnen werden verletzt. Es ist der blanke Hass.

Die Internationale Frauenliga für Frieden und Freiheit, gegründet 1915, greift das Thema auf. Was geschehen ist, sei exemplarisch für die Situation in einem rückständigen Land, was die Rechte von Frauen betrifft. »In Zentralasien, wo eine patriarchale Gesellschaft den Rahmen für eine zunehmend restriktive Politik bildet, gingen Frauen an diesem Tag auf die Straße, um für ihre Rechte einzustehen. Die Polizei nahm nach den Ausschreitungen nicht die Provokateure fest, sondern führte die friedlich demonstrierenden Frauen gewaltsam ab. Etwa 70 von ihnen wurden über mehrere Stunden festgehalten. Sie wurden nicht auf ihre Rechte hingewiesen und werden inzwischen sogar wegen Widerstands gegen die Staatsgewalt angeklagt.«

Im April 2021 demonstrieren wieder Frauen, diesmal vor dem Innenministerium in Bischkek. Mehrere Dutzend Männer, die sich selbst als »national-patriotisch« bezeichnen, gehen auf die Frauen los. Sie rufen: »Haut doch in den Westen ab!«, »Verkauft Kirgistan nicht für schmutziges Geld!« und »Dreckige Feinde des Volkes!« Die Polizei greift nicht ein. Diesmal bleibt es nicht bei Beschimpfungen und Schlägen, diesmal geschieht ein Mord.

Eine Überwachungskamera hat die Szene aufgenommen. Eine junge Frau, Aizada Kanatbekowa, überquert auf dem Weg zur Arbeit einen Zebrastreifen. Drei Männer packen sie, zerren sie in ein Auto und fahren davon. Zeugen gibt es genug. Sie alle sehen, wie sich Aizada gegen ihre Entführung wehrt. Doch niemand unternimmt etwas. Zwei Tage später findet ein Hirte außerhalb der Stadt das Auto. Darin liegen die Leiche der 27-Jährigen und die ihres mutmaßlichen Mörders, der sich nach der Tat selbst getötet haben soll.

Diese Geschichte schaffte es in die internationalen Medien. Hunderte Menschen gingen auf die Straße. »Schande, Schande«, riefen sie, weil die Polizei nicht ermittelte. Sie forderten den Rücktritt des Innenministers, der Präsident versprach, die Täter zu bestrafen. Die größte Schuld trifft die Polizei in Bischkek. Denn schon vor der Entführung hatte der mutmaßliche Täter

Aizada Kanatbekowa mehrfach belästigt, erfolglos bat die junge Frau bei den Behörden um Schutz. Selbst als ihre Mutter am Tag nach der Entführung eine Vermisstenmeldung aufgab, blieb die Polizei untätig.

Dabei war der Mann schon seit längerer Zeit wegen sexueller Gewalt aktenkundig. Eine Betroffene berichtet laut dem Nachrichtenportal Eurasianet.org, er habe auch sie bedroht, ihre Wohnungstür eingetreten, sie auf den Balkon gestoßen und gedroht, sie hinunterzuwerfen. Auch in diesem Fall reagierte die Polizei nicht.

Nach dem Mord an Aizada Kanatbekowa und den darauffolgenden Protesten werden Bischkeks Polizeichef und einige Beamte entlassen. Eine halbherzige Reaktion. »Wie viele von uns müssen noch sterben?«, schreiben die Demonstrierenden auf ihre Plakate.

Schnell ist die Geschichte wieder aus den Medien verschwunden. Und mit ihr das Leid Tausender Frauen im Land. Zur Entführung von Frauen kommt es in Kirgistan so häufig, dass es sogar einen eigenen Begriff dafür gibt: »Ala-Kachuu«. Wörtlich bedeutet das »etwas nehmen und wegrennen«. Man könnte es mit »Brautraub« übersetzen, wenn das nicht so harmlos klänge. Doch »Ala-Kachuu« ist kein harmloser Hochzeitsspaß. Es ist eine grausame, manchmal tödliche Realität. Schätzungen internationaler Beobachter zufolge werden zwischen 25 und 50 Prozent aller Ehen im Land auf diese Weise geschlossen.

Meist spielen sich diese Zwangsheiraten wie folgt ab: Will ein Mann eine bestimmte Frau heiraten, entführt er sie auf offener Straße, meist zusammen mit anderen. In vielen Fällen kennt die »Braut« ihren zukünftigen »Ehemann« gar nicht. Die Entführte wird in das Haus des Mannes gebracht und dann einer Gehirnwäsche unterzogen. Schlafentzug, Bedrohungen, Beschimpfungen. Andere Frauen aus der Familie oder dem Umkreis des Mannes versuchen, ihr den traditionellen Brautschleier anzulegen. Sobald sie ihn trägt, gilt das als Zeichen des Einverständnisses.

Die Lage des Opfers ist meist aussichtslos. Eine Nacht mit einem fremden Mann in dessen Haus, ohne eine Ehe mit ihm einzugehen, wäre ein Stigma. Ein Zurück in die eigene Familie – unmöglich. Und die Frauen in der Familie des »Ehemanns« sind Mittäterinnen.

Nur 17 Prozent dieser Entführungen enden mit einer Freilassung, so Schätzungen. Viele Entführte nehmen sich das Leben, weil sie keinen anderen Ausweg sehen. Andere fügen sich in ihr Schicksal, in fortwährende Erniedrigungen und Vergewaltigungen. In Kirgistan kursiert ein zynisches Sprichwort: »Eine gute Ehe beginnt mit Tränen.«

Die amerikanische Filmemacherin Eugenia Chung war 2011 zum ersten Mal in Kirgistan. Sie drehte mehrere Dokumentarfilme, die im Netz erscheinen. 2019 kam ihr vielfach preisgekrönter Dokumentarfilm »After the rain« in die Kinos. »Die Kirgisen träumten von Liebe und einer Familie«, sagt sie. Aber sie hätten keine Vorstellung davon, wie dies aussehen sollte, weil sie dies niemals gelernt hätten. Aus diesem Grund, so die These der Filmemacherin, würden die Männer dann gewalttätig.

Zu Zeiten der Sowjetunion war Brautraub verboten – und heute natürlich auch, allerdings nur auf dem Papier. Nach dem Zerfall des Riesenreiches, mit der Eigenständigkeit Kirigistans, kam »Ala-Kachuu« zurück. Schlimmer denn je. »Die marode Wirtschaftslage in Kirgistan lässt Frauen oft keine Wahl, als irgendeinen Ehemann zu nehmen, der sie versorgt«, schrieb die Journalistin Edda Schlager bereits 2010. »Neben dem Nachbarn Tadschikistan ist Kirgistan eine der ärmsten Ex-Sowjetrepubliken. Mit dem Zusammenbruch der Sowjetunion, der Unabhängigkeit und der zunehmend instabilen politischen Lage haben die Entführungen von Frauen und Zwangsheiraten deshalb deutlich zugenommen. Für Männer, die ihre Arbeit verloren haben, ist die Macht gegenüber Frauen oft das Einzige, was ihnen noch geblieben ist«, schrieb Schlager auf der Internetplattform *Quantara.de*, einem Projekt der *Deutschen Welle*. Die Frauenfrage ist also auch hier eine Männerfrage. Brautraub, Zwangsehe, Gewalt in der Ehe: Amnesty International zitiert offizielle Zahlen aus Kirgistan. Jedes elfte Mädchen im Alter von 15 bis 19 Jahren ist demnach bereits verheiratet. Gewalt in der Ehe sei an der Tagesordnung, wehren könnten sich die Frauen kaum: »Betroffene von häuslicher Gewalt sahen sich mit Hürden konfrontiert, wenn sie Misshandlungen anzeigen oder Zugang zu Unterstützung erhalten wollten.« Laut UNICEF sind 13,8 Prozent aller Frauen unter 24 Jahren unter Zwang verheiratet worden.

Einen besonders schlimmen Fall schildert Amnesty in einem Bericht vom April 2020:

»Die Polizei versäumte es, angemessen auf Anschuldigungen wegen häuslicher Gewalt zu reagieren. Aizat Chirtekova ist dafür ein plastisches Beispiel. Sie schilderte, wie sie im Jahr 2018 wegen ihres gewalttätigen Ehemanns mehrmals die Polizei gerufen, jedoch aus Angst vor Vergeltung nie schriftlich Anzeige erstattet hatte. Die Polizei versäumte es, Schutzanordnungen zu verhängen oder strafrechtliche Ermittlungen einzuleiten. Im August desselben Jahres verließ Aizat Chirtekova vorübergehend die gemeinsame Wohnung, nachdem ihr Ehemann sie besonders brutal attackiert hatte, indem er sie ihren Angaben zufolge verprügelte, sie zu erwürgen versuchte und mit einem Fahrrad auf sie einschlug. Einen Monat später stürzte sie sich mit ihrem sieben Monate alten Baby aus einem Fenster im vierten Stock. Während man Aizat Chirtekova des versuchten Mordes an ihrem Kind anklagte, wurden keine strafrechtlichen Ermittlungen wegen häuslicher Gewalt gegen ihren Ehemann eingeleitet.«

Und selbst wenn: Häusliche Gewalt ist in Kirgistan rechtlich ein minderschwereres Vergehen, darauf steht gemeinnützige Arbeit oder eine Geldstrafe zwischen 330 und knapp 800 Euro. Eine Verhaftung des Täters oder zumindest der Verweis aus der gemeinsamen Wohnung sind nicht vorgesehen. Das macht es so gut wie unmöglich, den Täter von seinem Opfer zu isolieren. Aizat Chirtekova wird im Dezember 2019 wegen versuchtem Mord an ihrem Kind zu elf Jahren Haft verurteilt.

Was Amnesty International für Kirgistan beschreibt, gelte ähnlich auch für Aserbaidschan. Auch hier wagten es nur sehr wenige Frauen, ihre Peiniger anzuzeigen. Doch welche Chancen haben Frauen, diesem Martyrium zu entkommen? Haben sie überhaupt eine? Gulnara Mechtiewa, die aserbaidschanische Frauenrechtlerin, will uns in Kontakt bringen mit Frauen, die aus ihren Zwangsehen geflohen und über schwierige und weite Wege in die Hauptstadt gekommen sind. Heute leben sie in einem geheimen Frauenhaus am Stadtrand von Baku. Wo genau, darf aus guten Gründen niemand erfahren. Die rund 50 Frauen sollen nicht zu finden sein. Betreiber des Hauses ist eine Initiative, finanziert wird sie durch Entwicklungshilfegelder aus den USA und durch Spenden. Sogar eine eigene Schulklasse haben sie hier – die meisten Bewohnerinnen haben kleine Kinder.

Nach einigem Hin und Her dürfen wir dort drehen. Zwei der Frauen wollen uns ihre Geschichten erzählen, verdeckt und ohne Namensnennung. Denn sie haben immer noch Angst vor ihren Peinigern, den eigenen Ehemännern.

Gewalt in ihrer Ehe haben sie alle erlebt, erzählen sie. Von Anfang an. Sie mussten arbeiten wie Sklavinnen. »Mein Vater entschied über meine Heirat. Ich verlor meine Mutter, als ich 13 Jahre alt war. Dann wurde ich verheiratet. Ich wollte das nicht, habe danach viel gelitten. Ich habe eine Tochter, sieben Jahre alt. Mein Mann hat mich vor ihren Augen geschlagen. Er benutzte obszöne Worte vor dem Kind und hat sich nie um die Kleine gekümmert.« Ihre Freundin erzählt: »Als mein Sohn drei Monate alt war, ich schlief gerade in der Nacht, da kam mein Mann und fing an, mich zu schlagen. Die Kinder schrien, ich schrie. Er hielt ein Messer an die Kehle des dreimonatigen Kindes. Drohte mir, er werde mein Kind und mich töten. Ich werde dich verscharren, sagte er, und niemand wird dich jemals finden.«

Hilfe von ihren Familien, Verständnis, Liebe – Fehlanzeige. »Sie entschieden, mich mit diesem Mann zu verheiraten. Sie sagten, er hat ein Auto und ein Haus. Ich solle mich nicht über das Leben mit ihm beklagen, ich solle still sein und alles ertragen.« Ihr Mann, türkischer Staatsbürger, verschleppt sie in die nahe gelegene Türkei. Dort muss sie für ihn arbeiten. Tag und Nacht. Nachdem er ihr Kind mit dem Messer bedroht hatte, beruhigt sie ihn. Als er eingeschlafen war, nahm sie die Kinder, ging zur türkischen Polizei und bat um Hilfe. »Ich erzählte ihnen alles. Dass er mich versklavt hat, dass er mich und die Kinder bedroht, dass er lügt. Ich flehte sie an, mich zurück nach Aserbaidschan zu bringen.« Die Polizisten verwiesen sie an die Ausländerpolizei. Erneut erzählte sie ihre Geschichte und von dem Wunsch, in ihr Heimatland zurückzukehren. Doch sie hatte keine Papiere und kam für ein paar Monate in ein Lager. »Sie fragten, mit wem ich Kontakt hätte in Aserbaidschan. Ich gab ihnen die Telefonnummer meiner Mutter. Und meine Mutter sagte ihnen, ich solle nicht zurück nach Aserbaidschan kommen, sie würde mich nicht akzeptieren und aufnehmen.« Schließlich gelang der jungen Frau doch die Ausreise. In Baku stößt sie im Internet auf eine Kontaktnummer des Frauenhauses, in dem sie heute lebt.

Ähnliche Erfahrungen hat ihre Freundin gemacht. Auch ihre Familie hat sie verstoßen, als sie sich von ihrem Mann trennte. »Meine Verwandten sind keine guten Menschen. Sie strichen mich aus ihrem Leben. In der Stadt kannte ich niemanden. Eine mir unbekannte Frau, die ich um Hilfe bat, brachte mich und meine Tochter hierher.«

Im Frauenhaus sind die Opfer brutaler häuslicher Gewalt sicher. Hier können sie das Erlebte verarbeiten und sich um ihre Kinder und ihre Zukunft kümmern. »Die Rehabilitierung kann einen Monat dauern oder bis zu drei Jahren«, sagt die Leiterin Mehriban Zeynalova. »Das hängt vom körperlichen Zustand der Frauen ab. Ob sie Anpassungsstörungen oder Schwierigkeiten bei der Sozialisierung haben. Ob sie Unterstützung haben.« Auch staatliche Institutionen nähmen das Angebot des Frauenhauses wahr, wenn auch noch zögerlich, erklärt Zeynalova. »Das staatliche Komitee für die Angelegenheiten von Familie, Frauen und Kindern schickt uns Frauen, die in Gefahr sind. Sogar das Gesundheitsministerium hat uns einige Frauen geschickt.« Sicherheit für rund 50 Frauen, das ist weniger als ein Tropfen auf dem heißen Stein. Aber zumindest ein Beginn – und ein Erfolg von Aktivistinnen wie Gulnara Mechtieva.

Doch die Zukunft der Frauen hier ist ungewiss. In ihre Dörfer zurück wollen sie nicht. Dort würde ihnen niemand helfen, weder ihre Familien noch die Polizei. Die steht oft genug auf der Seite der Ehemänner, sagt Gulnara Mechtieva. »Die aserbaidschanische Polizei hat eine patriarchalische Denkweise. Ich kann Ihnen ein Beispiel geben: Vor ein paar Tagen wurde eine 23-jährige Frau von ihrem Arbeitsplatz zur Polizeistation gebracht und dann gezwungen, zu ihrer Familie zurückzukehren. Das geschah gegen ihren Willen. Ihr wurde auch das Recht verweigert, einen Anwalt zu treffen.«

Häusliche Gewalt gibt es auch in Deutschland. Der Unterschied besteht darin, dass Deutschland ein Rechtsstaat mit einem funktionierenden Justizsystem ist. In Aserbaidschan ist das anders.

Dass gerade die Frauen auf dem Land so wenig Vertrauen in die Polizei haben, liegt vor allem an der Gesetzgebung, erfahre ich von Mechtieva. Häusliche Gewalt ist kein Straftatbestand. Bei der ersten Anzeige muss der Täter allenfalls eine geringe Geldstrafe bezahlen. Erst bei der Anzeige fortdauernder Gewalttaten kommt eine Festnahme in Betracht. Doch das geschieht so gut wie nie. »Die Frauen befürchten, dass der Ehemann die Strafe bezahlt und dann zurückkommt, um sie für die Anzeige zu bestrafen. Sie haben auch Angst vor ihren Familien, die sich gegen sie wenden, weil sie Klage gegen den Ehemann erheben. Deshalb gehen Frauen nur zur Polizei, wenn sie keine andere Wahl haben und völlig verzweifelt sind.« Die Statistik spricht eine eindeutige Sprache: 2020 wurden nur 1180 Fälle häuslicher Gewalt angezeigt – in einem Land mit zehn Millionen Einwohnern.

Wie sich Frauen in der Unterkunft ihre Zukunft ausmalen, erzählt mir eine 29-Jährige, die seit vier Monaten hier lebt.

Sie träumt von einem Leben mit bescheidener finanzieller Unabhängigkeit. Sie will ihr Kind in ein Internat geben und zurückholen, sobald sie einen Job findet. »Vielleicht arbeite ich als Putzfrau, das wäre ein Anfang.« Doch schon der erste Schritt fällt ihr schwer. »Ich war so lange weg von den Menschen, dass ich Schwierigkeiten habe, mit ihnen zu reden.«

Meine Reise durch Aserbaidschan nähert sich dem Ende. Ich habe viel über die Situation der Frauen hier erfahren. Wie überall in Zentralasien steht ihr Kampf für ihre Freiheit und ihre Rechte noch am Anfang. Doch der Protest nimmt zu, wie ich von Gulnara Mechtieva erfahre.

Ein Beispiel dafür ist die erst 19-jährige Sängerin Zere Asylbek aus Kirgistan. In einem Video tritt sie in einem dunklen, offenen Blazer auf, unter dem ein violetter BH erkennbar ist. Hinter ihr sind junge Frauen mit langen Gewändern zu sehen. Sie springen in einen See, tauchen in unterschiedlichen Outfits wieder auf. Manche tragen traditionelle Gewänder, andere Jeans und Blusen. Das Video veröffentlicht Zere Asylbek auf YouTube, binnen Kurzem findet es Hunderttausende Zuschauer. Sie singt: »Würde nur die Zeit, die Ära kommen, in der einem nicht gesagt wird, wie man zu leben hat. Sie würden einem nicht sagen: ›Tu dies und lass jenes‹. Warum sollte ich so sein, wie es die Gesellschaft von mir erwartet? Ich bin ein Mensch, ich habe das Recht auf Meinungsfreiheit. Warum akzeptierst du mich nicht? Ich akzeptiere dich, und du akzeptierst mich.«

Sie sei zu diesem Song inspiriert worden, als 2018 eine junge Frau entführt wurde, so erzählt Zere Asylbek. Die Frau konnte fliehen, wurde jedoch auf der Polizeiwache vor den Augen der Polizisten von ihren Entführern erstochen. Es verwundert nicht, dass Zere Asylbek in ihrer Heimat blanker Hass entgegenschlug.

Doch es ist nicht der Songtext, für den sie im Netz beleidigt wird, es ist der BH, der nicht züchtig verhüllt ist. Ihr Vater verteidigt sie, postet wütend auf Facebook: »Während die einen mich anrufen, um mir zu gratulieren, schreiben andere mir: ›Diese Hexe ist doch nicht ernsthaft deine Tochter? Wie kannst du das als Lehrer zulassen?‹ Ja, Zere ist meine Tochter. Sie ist eine frei denkende Tochter des freien Kirgistans.«

Zere Asylbek ermutigt mit ihrem Video andere Frauen in mehreren zentralasiatischen Ländern. Sie zeigen sich nackt oder dünn bekleidet, um gegen die gesellschaftlichen Verhältnisse zu protestieren. Es erinnert an die Femen-Frauen aus der Ukraine. Sie setzen den nackten Körper als Waffe gegen Unterdrückung und Sexismus. Der Protest entwickelt sich zu einer echten Welle. In Kasachstan tritt das Model Dinagýl Tassova in einer Modenschau in einem durchsichtigen Kleid auf. Der BBC sagt sie: »Einige sahen darin ein schönes Kleid, andere sahen darin einen nackten Körper. Und so begannen alle, mich zu hassen.« Wie Novastan.org berichtet, veröffentlicht die junge Frau einige Tage nach der Show Bilder von sich mit blauen Flecken am Körper. Wegen ihres Auftritts habe sie ein junger Mann zusammengeschlagen. »Die körperlichen Wunden sind nichts im Vergleich zu den psychischen Verletzungen, die er mir angetan hat. Aber ich bin fest davon überzeugt, dass ich darüber nicht schweigen darf!«

Die 18-jährige Kasachin Shirin Narchaevý postet in sozialen Medien ein Video von sich: oben ohne, aber mit traditionellem kasachischem Kopfschmuck. In ihrem Dorf wird ihr Schamlosigkeit vorgeworfen. Die Männer organisieren sogar eine Demonstration. »Wir, die Einwohner des Dorfes Sarbastaý, sind heute auf die Straße gegangen, um unseren Unmut über

das nackte Mädchen in unserer traditionellen Kleidung aus-
zudrücken. Mit ihrer Nacktheit verschmäht sie nicht nur die
kasachische traditionelle Kleidung, sondern alle Frauen.« Shirin
Narchaevý reagiert, nimmt ein weiteres Video auf. Wieder mit
nackten Brüsten, diesmal jedoch mit dem traditionellen Hoch-
zeitskopfschmuck. Laut Novastan.org solidarisiert sich eine weitere Frau mit ihr. Auch sie ist nackt, trägt aber eine traditionelle
kirgisische Kopfbedeckung für Männer.

In Tadschikistan malt die Künstlerin Marifat Dawlatowa Bilder, die Nacktheit in Verbindung mit traditionell tadschiki-
schen Elementen bringen. Ihre Motivation: »Als Frau werden
dir auf der Straße ständig abfällige Kommentare zu deinem Aussehen gemacht, auch wenn womöglich nur deine Schulter unbe-
deckt ist.«

Die Tadschikin Julija Petrowa bringt es auf den Punkt. 2016
ruft sie in der Hauptstadt Duschanbe eine Initiative gegen
sexuelle Belästigung auf der Straße ins Leben. »Ich kämpfe
dafür, dass eine Frau auf kultureller, mentaler Ebene als Person
wahrgenommen wird und nicht als Gegenstand, der für einen
Brautpreis eingetauscht oder als Objekt der Eroberung und des
Besitzes angesehen werden kann. Das Hauptmerkmal einer
patriarchalischen Gesellschaft ist, wenn Männer und Frauen
als Gegensätze wahrgenommen werden. Das heißt, ein Mann
sollte aktiv und eine Frau passiv sein. Er muss entscheiden, und
sie muss ausführen. Er ist stark und mutig, während sie schwach
ist und Schutz braucht. Er ist der Jäger und sie selbst die Beute.«

Und weiter: »Es ist höchste Zeit, diese Klischees loszuwerden,
denn sie schaden sowohl Männern als auch Frauen, da wir seit
unserer Kindheit in Schubladen gesteckt wurden. Jungen werden dazu erzogen, ihre Gefühle zu verbergen und alle Lebens-

bereiche zu dominieren. Und wenn ein Mann diese Standards nicht erfüllt, wirft ihn die Gesellschaft an den Rand. Wenn du nicht dominierst, dann bist du kein Mann. Mädchen wird beigebracht, schön und gehorsam zu sein und die Verantwortung auf andere abzuwälzen.« Mit anderen Worten: Auch Männer würden vom Feminismus profitieren.

Die Liste der Proteste gegen traditionelle Frauenbilder und Frauenrollen ließe sich fortsetzen. In vielen zentralasiatischen Ländern gärt es. Nachrichten, die autokratische Regime gern unterdrücken würden, verbreiten sich in Zeiten des Internets immer schneller.

Ein Beispiel: Im Februar 2021 begeht die 20-jährige Studentin Sevil Alakischijewa Selbstmord, sie springt in den Tod. Zuvor hatte sie auf Facebook den Alltag und das Leben in ihrer Familie beschrieben: Schläge wegen eines Fotos, auf dem sie mit einem guten Freund zu sehen ist. Morddrohungen durch den Vater, sollte sie der Familie den Rücken kehren. Kurz vor ihrem Suizid postet sie eine Nachricht an die Frauenrechtlerin Gulnara Mechtieva: »Sollte mir etwas zustoßen, erinnere dich bitte an meine Nachrichten.« Mechtieva teilt diese Nachrichten im Netz. »Die verzweifelten Hilferufe der Studentin lösen eine regelrechte Flut von Kommentaren aus«, berichtet die deutsche Tageszeitung *taz* im März 2021. »Wenn eine junge Frau in diesem Land frei leben will, wird ein Vater nicht zögern, seiner Tochter zu sagen, dass er sie umbringen werde, sollte sie jemals einen Fehler machen.« In diesem Land behandeln Eltern ihre Kinder wie ihr Eigentum. »Ruhe in Frieden, du Engel«, heißt es unter dem Hashtag #Sevilüçünsusma (Schweigt nicht um Sevils willen). Und: »Ihr solltet euch schämen, die Hoffnungen und Träume von jemandem, der so voller Leben war, aus der 20. Etage zu stoßen.«

Frauen, nicht nur in Aserbaidschan, lassen sich nicht mehr so einfach den Mund verbieten. Getragen und bestärkt wird der Protest von Vorkämpferinnen wie Gulnara Mechtieva. Die Ursachen für die brutale Unterdrückung der Frauen sind komplex, wie ich gelernt habe. Sie liegen in überkommenen traditionellen Strukturen, in autokratischen Regimen, denen gerade Frauen nicht vertrauen können, in der Clanwirtschaft der Dörfer.

Eines habe ich in diesem Kapitel absichtlich nicht erwähnt: dass Aserbaidschan ein muslimisch geprägtes Land ist. Denn die Religion für die Lage der Frauen verantwortlich zu machen, wäre zu kurz gesprungen und deshalb falsch.

Kurz vor dem Abflug geht mir am Gate des hypermodernen Heydar-Aliyev-Flughafens, benannt nach dem Vater des herrschenden Autokraten, ein Satz von Gulnara durch den Kopf: »Wenn du dich auf das Problem konzentrierst, dann siehst du es überall. Während du im Café sitzt, im Bus, oder wenn du eine Politikerrede hörst. Und dann begreifst du, dass irgendjemand sagen muss: Genug ist genug. Wir machen dem ein Ende.«

KOMMENTAR

KRIEG UND FEMINISMUS

Im Dezember 1945 wurde in Paris die Internationale Demokratische Frauenföderation gegründet, an der vornehmlich Frankreich und die Sowjetunion beteiligt waren. Das Symbol der neuen Vereinigung, die während des Kalten Krieges besonders in den sowjetisch beeinflussten Staaten Osteuropas aktiv war, war eine Friedenstaube. Neben der Wahrung von Rechten für Frauen verstand sich die Organisation als Friedensmission. Im Westen wurde in der IDF vor allem ein verlängerter Arm der Kommunistischen Partei gesehen, zudem gab es Kritik an dem sozialistischen Staatsfeminismus. Wenngleich die Friedensparolen auf dem internationalen Parkett emblematisch waren, wurde damit dennoch eine wichtige europäische Tradition von Frauen fortgesetzt, die sich bereits im Zusammenhang mit dem Ersten Weltkrieg für Pazifismus und Frieden einsetzen.

Scharfschützinnen, Pazifistinnen, Soldatenmütter: Das sind nur einige Rollen, die Frauen in Kriegszeiten eingenommen haben. Zuvorderst steht bei einem Krieg eine brutale Gewalterfahrung, egal ob für Frauen oder Männer. Es geht um das schlichte Überleben, und weil nach wie vor überwiegend Männer wehrpflichtig sind, müssen sich Frauen um die Familie, den eigenen Hausstand und die Kinder kümmern. Seit den Protesten auf dem Maidan und besonders in dem nachfolgenden Krieg in der Ostukraine, der durch Russland 2014 begonnen wurde, haben Frauen auch Molotowcocktails gebaut oder sich zu den Freiwilligenbataillonen in der Ukraine gemeldet und gekämpft. Gewaltausübung ist nicht exklusiv männlich, aber wir kennen mehr Männer, die einen Krieg begonnen haben und kämpften. Und es sind Soldaten, die Frauen der Gegner als maximale Form der Erniedrigung vergewaltigen. Rollenzuschreibungen von männlich, heldenhaft, mutig und aktiv sowie weiblich, verwundbar und schutzwürdig befördern in Kriegszeiten eine traditionelle Geschlechterordnung.

KAPITEL 9

UKRAINE – FRAUEN KÄMPFEN GEGEN DEN KRIEG

Es war eine lange und beschwerliche Reise. Die ARD und mein neuer Auftraggeber, die österreichische Tageszeitung *DER STANDARD*, schicken mich in die Ukraine, ins Kriegsgebiet. Früher war das eine Stunde Flug nach Minsk, ein kurzer Aufenthalt, dann weiter nach Kiew. Keine große Sache. Jetzt geht es erst nach Istanbul und nach stundenlangem Warten weiter nach Bonn, wo ich meine deutsche Wohnung habe. Am nächsten Tag fliege ich nach Krakau in Polen und fahre von dort mit dem Auto an die Grenze zur Ukraine. Dort treffe ich mein Kamerateam. Am nächsten Tag weiter, stundenlanges Warten an der Grenzkontrolle. Bis zu unserem Tagesziel Lwiw schaffen wir es nicht. Also übernachten wir unterwegs und erreichen erst am nächsten Abend Kiew. Dort wartet bereits die Arbeit – Reportagen und Liveschalten nach Deutschland. Knapp drei Wochen werde ich in Kiew bleiben.

So langsam richte ich mich ein. Wir müssen das Hotel wechseln, weil sich das erste als zu gefährlich erweist. Die Belagerung der ukrainischen Hauptstadt liegt erst wenige Tage zurück, nach wie vor drohen Luftangriffe. Das Hotel, in dem wir wohnen, befindet sich in der Nähe von Regierungsgebäuden, die Angriffsziele sein könnten. Das Restaurant ist im 15. Stock, der Balkon für die Live-Schalten im neunten Stock. Der Weg in den Keller, über das Treppenhaus, wäre bei einem Luftangriff zu weit. Wir gehen daher raus aus der Innenstadt an den Stadtrand.

Was bedeutet Widerstand? In der Ukraine bedeutet er: Widerstand gegen die russischen Truppen. Alles andere, die Frage nach der Macht der Oligarchen, die Frage nach der ausgeprägten Korruption im Land, die Frage nach der Rolle der Frauen in der Gesellschaft ist ausgeblendet in diesen Tagen.

Olena Selenska allerdings, die Frau des ukrainischen Präsidenten, sieht das anders. In der Öffentlichkeit hört man von ihr wenig. Mit den Kindern sei sie an einem geheimen Ort in Sicherheit, heißt es. Doch die Frage nach der Rolle der Frauen im Land scheint ihr wichtig zu sein. Auf Instagram teilte sie mit, sie habe vor dem Krieg gesagt, in der Ukraine gebe es mehr Frauen als Männer. Das habe jetzt eine besondere Bedeutung. »Denn es heißt, dass unser jetziger Widerstand auch ein besonders weibliches Gesicht hat.« Doch welches?

Bilder von Frauen in Uniform im Militäreinsatz gibt es nur wenige. Die ukrainische Militärzensur lässt Fotos und Videos von militärischen Operationen nicht zu. Uns Journalisten ist es ausdrücklich verboten, etwa Checkpoints oder Militärkonvois zu filmen. Als uns das doch einmal passiert – versehentlich haben wir im Hintergrund einer geplanten Liveschalte einen Checkpoint im Bild –, bekommen wir Ärger mit Soldaten und der Polizei. Die Diskussion dauert Stunden.

Einen Einblick in die Rolle der Frauen in der ukrainischen Armee habe ich 2021 bei meinem letzten Aufenthalt im Land gewonnen. An der Frontlinie in der Region Donezk besuchte ich eine Militärstellung nur ein paar Hundert Meter von den prorussischen Separatisten entfernt. Kommandiert wurden die Soldaten von einer jungen Frau, Lesyia, die in den Kämpfen 2014 als Freiwillige half und später in die Armee eingetreten ist, wie so viele jungen Frauen in der Ukraine. Lesyias Nachnamen darf ich aus Sicherheitsgründen nicht nennen. Ich versuche, erneut mit Lesyia in Kontakt zu kommen, doch ihr Handy ist abgeschaltet. Ob sie noch am Leben ist, erfahre ich nicht.

Im Netz kursieren Selfies und Videos von ukrainischen Soldatinnen. In Uniform, das Gewehr in der Hand, rufen sie zur Verteidigung der Heimat auf. Viele Frauen protestieren gegen die russischen Besatzer. Viral geht ein Video, das zeigt, wie Ukrainerinnen auf bewaffnete russische Soldaten zugehen, unbeirrbar, mutig, scheinbar ohne Angst. Die Soldaten reagieren verblüfft, schweigen betreten. Dokumentiert ist allerdings auch, dass protestierende Frauen von russischen Soldaten verprügelt wurden.

Ich gehe zum Maidan, auf den Unabhängigkeitsplatz im Herzen von Kiew. Es gibt wohl kaum einen symbolträchtigeren Ort in der ukrainischen Hauptstadt. Die Maidan-Revolution war der Aufbruch in eine neue Zeit. Im November 2013 war Wiktor Janukowitsch Präsident der Ukraine. Der Statthalter Russlands weigerte sich, ein lang verhandeltes Abkommen mit der EU zu unterschreiben. »Ich geh auf den Maidan, wer kommt mit?« schrieb ein Journalist auf Facebook. Es folgten Proteste, Straßenschlachten, ein Massaker mit über 100 Toten, die Flucht Janukowitschs in Richtung Russland, die Annexion der Krim, der Krieg in der Ostukraine. Vieles auf diesem Platz erinnert an diese Zeit. Er steht für die Hinwendung des Landes zum Westen.

Janukowitsch soll sich heute in der belarussischen Hauptstadt Minsk aufhalten. Im März 2022 fordert er Präsident Selenskij zur Aufgabe auf. »Sie persönlich müssen das Blutvergießen um jeden Preis stoppen und ein Friedensabkommen erzielen«, zitiert ihn die russische Nachrichtenagentur RIA Novosti.

Die »Revolution der Würde« kann auch aus geschlechterpolitischer Sicht als Zäsur für die Ukraine betrachtet werden. »Würde« bedeutete für die Demonstrierenden auf dem Maidan Menschenwürde, Menschenrechte. Demokratie statt verkrusteter Machtstrukturen. Auch Unabhängigkeit der Justiz. Und, vor allem, das Ende des korrupten Oligarchensystems. Als Journalisten die sogenannten »Pandora Papers« veröffentlichten, stand die Ukraine in Sachen Korruption ganz oben auf der Liste. Auch der heute so hochgelobte Präsident Selenskyj hatte, so berichtet es die Züricher *Weltwoche*, vor seiner Präsidentschaft Bankkonten in Belize, Zypern und auf den Britischen Jungferninseln. Laut *Weltwoche* soll er 41 Millionen Dollar von einem ukrainischen Oligarchen bekommen haben.

Seit Jahren unterstützt die EU mit viel Geld den Kampf gegen die Korruption in der Ukraine. Viel bewirkt hat sie allerdings nicht. Zu diesem Schluss kommt der EU-Rechnungshof im September 2021. Ein vernichtender Bericht: »Ukrainische Oligarchen dominieren eine Vielzahl von Wirtschaftssektoren und Märkten, die eng mit staatseigenen Unternehmen verbunden sind. (…) Politisch vernetzte Einzelpersonen/ Unternehmen – insbesondere Oligarchen – haben den Rechtsrahmen beeinflusst, um sich eine Reihe von staatlichen Vorteilen zu verschaffen.« Viele Milliarden Dollar gingen in der Ukraine Jahr für Jahr durch Korruption verloren, so die EU-Rechnungsprüfer.

Auch viele Vorstellungen der »Revolution der Würde« wurden nicht umgesetzt. Doch neue gesellschaftliche Initiativen sind entstanden, Gender und Feminismus sind zum Thema auch in Mainstream-Medien geworden. Auch politisch kommt die Sache der Frauen voran, wie die Heinrich-Böll-Stiftung in einem Bericht von 2018 festhält.

Die wichtigste Errungenschaft sei die Streichung von Berufsverboten für Frauen aus dem Arbeitsgesetzbuch. Aber: »Nicht alle Gesetze und Initiativen werden zu Ende gebracht, oder es fehlen adäquate Ansätze für deren Umsetzung. Die Istanbul-Konvention zur Verhütung und Bekämpfung von Gewalt gegen Frauen und häuslicher Gewalt wurde zwar unterschrieben, aber durch den starken Einfluss der reaktionären Kräfte bislang noch nicht ratifiziert.« Immerhin unterstützte der ukrainische Präsident Wolodymyr Selenskyj Initiativen, die die Ratifizierung forderten. Erst im Juni 2022 ratifiziert das ukrainische Parlament die Konvention.

Die *Deutsche Welle* hat sich 2018 intensiv mit den Frauen beschäftigt, die fünf Jahre zuvor in der Maidan-Revolution gekämpft hatten. Eine davon war Viktoria Romantschuk aus dem Nordwesten der Ukraine. »Auf dem Maidan waren Tausende von Frauen aus dem ganzen Land aktiv. Sie kümmerten sich um Verwundete, organisierten warme Kleidung, Schutzschilde, Helme und Verpflegung.« Viktoria sagt, sie sei von »vielen mutigen Frauen« umgeben gewesen: »Wir wollten, dass der Maidan siegt.«

Doch die Maidan-Revolution ist Geschichte. Korruption und Oligarchen-Wirtschaft beherrschen nach wie vor das Land, daran hat die Hinwendung zum Westen nichts geändert.

Als ich den Maidan 2021 zuletzt besucht hatte, war es ein quirliger großstädtischer Platz mit Cafés und Restaurants, Straßenkünstlern und buntem Leben. Kurz nachdem die russischen Truppen ihre Belagerung der Hauptstadt am 2. April 2022 aufgegeben haben, bin ich nun wieder hier. Der Unabhängigkeitsplatz ist kaum wiederzuerkennen. Die Restaurants sind geschlossen, nur wenige Menschen sind unterwegs, Soldaten patrouillieren, die breite Hauptstraße ist durch einen Checkpoint gesperrt. Unter dem Platz befindet sich eine große Shoppingmall. Ich gehe die Treppe hinab, stehe vor einem verschlossenen Rolltor. Der Supermarkt nebenan hat auf. Eine Versorgungskrise gibt es zu diesem Zeitpunkt offenbar nicht. Obst, Gemüse, Fleisch – alles ist da, auch in ausreichenden Mengen, so scheint es.

Lisa kommt mit der Metro. Die 20-Jährige ist froh, dass zumindest der öffentliche Nahverkehr wieder funktioniert. Auch wenn das Leben in Kiew Schritt für Schritt in Richtung Normalität geht – jeder weiß in diesen Tagen, wie nah der Krieg nach wie vor ist. Immer wieder schlagen Sprengköpfe in der Umgebung von Kiew ein. Eine Raketenfabrik und eine Wartungseinrichtung für Panzer wurden dem Erdboden gleichgemacht.

Dass dieser Krieg kommen würde, hatte Lisa nicht erwartet, auch wenn ihr wie jeder Ukrainerin und jedem Ukrainer natürlich bewusst war, dass in der Ostukraine seit Jahren gekämpft wird. »Es war am 24. Februar um 4.50 Uhr. Mein Vater rief an, wach auf, es hat begonnen. Ich begriff nicht gleich. Was hat begonnen? Lisa, der Krieg hat begonnen.« Die Wochen, die folgten, waren die Hölle für Lisa. Alle Geschäfte geschlossen, es gab kaum Lebensmittel, auch die Apotheken waren zu. Vor den Tankstellen bildeten sich kilometerlange Staus. »Ich lebe am Stadtrand. Irpin und Butscha sind nicht weit. Dort gab es schreckliche Kämpfe. Über zwei Wochen erinnere ich mich an keine Nacht, die gut war. Es gab Explosionen, die Luftabwehr feuerte sehr nahe an meinem Haus. Die Russen zerstörten die Schule, die ich besucht hatte. Das Haus meines Freundes wurde getroffen.«

Jetzt, drei Wochen danach, ist der Albtraum für Lisa noch immer gegenwärtig. Zwar sind die russischen Truppen abgezogen. Doch alle in Kiew haben die Bilder im Kopf, die Bilder der zerstörten Dörfer in der Umgebung von Kiew. Die Bilder der Massengräber. Viele starren stundenlang auf ihre Smartphones, lesen die Nachrichten aus Charkiw, Mariupol, denken an die Verwandten, die Freunde, die dort sind.

Doch es gibt auch den Wunsch nach dem Leben von früher, die Sehnsucht nach der Zeit, als Kiew eine moderne, weltoffene Metropole war. Man verabredet und trifft sich wieder, auch wenn die Cafés und Restaurants nur bis 19 Uhr geöffnet haben und ab 22 Uhr Ausgangssperre herrscht. Diejenigen, die unterwegs sind, vergewissern sich stets, wo die nächste Metro-Station ist. Denn die Tunnels der U-Bahn dienen im Ernstfall als Schutzräume. Dort hat die Stadtverwaltung Lebensmittel und Wasser gelagert.

Lisa ist Journalistin. Sie zeigt mir ihr Kiew, ihre Stadt im Krieg, hilft mir bei meinen Reportagen. Ich will den Alltag der Menschen hier begreifen. Als Journalist habe ich viel Krieg gesehen, in einigen Regionen der Welt. Aber ich habe natürlich nie im Krieg gelebt, als deutsches Nachkriegskind.

Das Städtische Krankenhaus liegt gleich hinter einem Checkpoint, Soldaten kontrollieren die Fahrzeuge. Am Eingang überprüfen Bewaffnete unsere Papiere. Ja, wir sind angemeldet, doch es dauert. Schließlich dürfen wir auf das Gelände. Wir besuchen ein Krankenhaus, das verschanzt hinter Sandsäcken liegt, die Fensterscheiben verklebt.

Am Eingang treffen wir Tania, die ihre neugeborene Tochter im Arm hält. Ein Kriegskind. Wie wird es aufwachsen? Wann wird es wieder Normalität geben in Kiew? Ein unbeschwertes Leben, ohne Sirenen, ohne Luftangriffe? Ihor Chermak, der Klinikleiter, führt uns herum. »Seit dem 24. Februar sind die Ärzte und Krankenschwestern vor Ort geblieben«, erzählt er uns. »Niemand ist weggegangen. Wir wohnen bereits seit über 50 Tagen im Krankenhaus, Tag und Nacht. Wir wohnen, arbeiten und behandeln hier. Selbstverständlich hat jeder von uns seine eigene Familie. Doch die haben Verständnis.«

In Kiew werden die Opfer des Krieges versorgt. Zivilisten aus den vielen Dörfern der Umgebung, die umkämpft waren und jetzt fast vollkommen zerstört sind. Doch auch normale Krankheiten gibt es natürlich noch in der Großstadt, Herzinfarkte, Schlaganfälle, Operationen und Corona, auch wenn niemand mehr darüber spricht. Die Ärzte und Krankenschwestern arbeiten rund um die Uhr. Ihor Chermak zeigt uns die Geburtsstation. Es ist bedrückend. Kinder kommen hinter Sandsäcken zur Welt, in einem Kreißsaal, dessen Fenster mit Splitterschutzfolie verklebt sind.

Die kleine Sophia ist gerade einen Tag alt. »Am 24. Februar, um drei Uhr morgens, wurden wir durch eine Explosion geweckt«, erzählt Aksenia, ihre Mutter, damals hochschwanger. »Das war erschreckend. Wir packten unsere Taschen und flohen aus der Stadt.« Schließlich erreichten Aksenia und ihr Mann Oleksand die Stadt Kirowohrad. Hier lebt Aksenias Schwester. »Dort blieben wir. Das Haus hatte einen Keller. Der Mann meiner Schwester hat dort Stühle aufgestellt. Die beiden haben selbst eine kleine Tochter. Bei jedem Luftalarm mussten wir in den Keller. Das war furchtbar.« Das Schlimmste aber war für

Aksenia, schwanger zu sein unter diesen Umständen, sagt sie. »So viele Jahre haben wir auf Sophia gewartet. Und jetzt begreifst du, dass du nicht nur für dich selbst verantwortlich bist, sondern noch für ein anderes Lebewesen, dein zukünftiges Kind.«

Das Haus befindet sich in der Nähe eines Flughafens. Aksenia und ihr Mann hörten die ständigen Raketenangriffe. »Wir waren im Schockzustand«, sagt die junge Mutter. Oleksand ergänzt: »Wir haben das nie erwartet. Dass so etwas Schreckliches passieren wird in unserem Land. In unserem Heimatland.« Nach dem Abzug der russischen Truppen kehrte das Paar zur Geburt nach Kiew zurück. Doch der Krieg ist noch nicht vorbei.

Tag und Nacht hören auch wir die Sirenen, Luftalarm. Mal trifft es eine Raketenfabrik, mal ein Panzerwerk, mal Knotenpunkte der städtischen Strom- und Wasserversorgung. Ein, zwei kurze Detonationen hintereinander nehmen die Menschen schon gar nicht mehr wahr. Die ukrainische Luftverteidigung zerstört viele anfliegende Raketen. Doch immer wieder sehen wir auch Feuerschein und Rauchwolken, wenn Raketen ihre Ziele am Stadtrand getroffen haben.

Auf der Neugeborenenstation sieht Ihor Chermak eine ganz neue Aufgabe auf sich und sein Team zukommen: psychologische Betreuung. »Die ständigen Alarme, das sind systematische Stressangriffe, die man gar nicht richtig wahrnehmen kann. Ist es Albtraum oder Realität? Die Raketen, die Sirenen, die Flucht, die Panik. Nach diesem Albtraum sind die Menschen hier in unserem Krankenhaus. Und die wichtigste Frage für sie ist: Werde ich morgen noch leben?«

Die 90-jährige Sofia Petrivna treffen Lisa und ich in einem Altenheim in der Innenstadt. Seit dem Tod ihres Mannes ist Sofia allein. Zu Hause sein, das kann sie nicht mehr. Oft sei ihr schwindlig, mit der Zeit sei sie vergesslich geworden. Sie habe schon mal den Wasserkessel auf dem Herd vergessen, erzählt sie, das sei nicht gut. Aber im Heim fühle sie sich wohl. Es gebe gutes Essen, Pflege, sogar ihren geliebten Nachmittagstee bekomme sie.

Eine Flucht war für die älteren Menschen kaum möglich, viele sind gehbehindert. Eine Evakuierung gab es nicht. »Heute war Alarm«, sagt Sofia Petrivna. »Wo soll ich mich verstecken, wenn eine Rakete in diesem schönen Haus einschlägt? Mir einen Arm, ein Bein abreißt? Wer braucht mich dann noch? Und wofür ist das Ganze? Das quält mich, und ich kann mich einfach nicht beruhigen.«

Dass Russland gegen die Ukraine Krieg führt, kann Sofia Petrivna, die den Zweiten Weltkrieg noch miterlebt hat, einfach nicht verstehen. »Die Russen sind doch Brüder. In den Jahren 1941 bis 1945 saßen mein Mann und ein russischer Soldat, der heute vielleicht auch Urgroßvater ist, in einem gemeinsamen Schützengraben. Sie aßen Brei oder Eintopf aus einer gemeinsamen Schüssel.« Das, was in diesen Tagen geschieht, beleidige sie regelrecht, sagt sie. »Ich bin eine Urgroßmutter, ich habe gearbeitet, der Krieg war vorbei. Wir haben alles wiederaufgebaut. Warum jetzt wieder alles in Schutt und Asche legen? Warum jetzt Kinder töten? Wofür?« Gerne würde sie den russischen Präsidenten treffen. »Wenn sie mir das erlauben würden, ihn zu sehen, ihm in die Augen zu schauen, würde ich ihm sagen: Du hast doch auch Kinder, was denkst du, wenn du Kinder in den Krieg schickst? Warum lässt du sie schießen?«

Trotz allem, Sofia Petrivna fällt es schwer, die Russen zu hassen. Für die jüngere Generation in Kiew, für die der Weltkrieg etwas aus der Geschichtsstunde ist, ist die Sache einfacher. »Seit diesem Krieg jetzt ist die Sache für mich klar«, sagt Lisa. »Ich möchte niemals in einem anderen Land leben. Ich werde niemals mein Heimatland verlassen. Und jeder Russe, jeder russische Terrorist, der das Land besetzen will, wird getötet werden.«

Und das ist vielleicht die Quintessenz. Viele der jungen Frauen, die ich in der Ukraine treffe, möchten in ihrer Heimat bleiben. Sie wollen dort für ihre eigenständige Zukunft kämpfen. Zwar sind in den ersten Kriegswochen rund fünf Millionen Frauen, Kinder und Ältere aus der Ukraine geflohen – kampffähige Männer dürfen das Land wegen des geltenden Kriegsrechts nicht verlassen. Zwischen Ende Februar und Mitte Juni 2022 flohen rund 900 000 Menschen aus der Ukraine nach Deutschland, und die Dunkelziffer dürfte hoch sein, denn Menschen aus der Ukraine dürfen visafrei einreisen. Doch in den Tagen, in denen ich in Kiew bin, kehren bereits viele wieder zurück in die Heimat. So viele, dass der Kiewer Bürgermeister warnt. Vorsicht, es ist noch nicht sicher in der Stadt.

Zusammen mit Lisa gehe ich durch die Innenstadt von Kiew. Sie ist unzerstört, die prachtvollen Gebäude, Theater und Museen strahlen in Weiß und Gold. Doch die Furcht vor Raketenangriffen ist immer da. Viele der Denkmäler in der Stadt sind mit Sandsäcken geschützt – ob das im Ernstfall hilft? In der Stadtverwaltung denkt man bereits über einen möglichen Wiederaufbau nach, hat mit der Vermessung und Digitalisierung der historisch wertvollen Gebäude begonnen. »Wir können 3-D-Modelle der Bauten erstellen, unter Berücksichtigung jeden Zentimeters«, sagt Viktor Nikoryak vom Amt für Kulturschutz. »Im Falle eines Raketenbeschusses könnten wir die Gebäude dann nach diesem Modell neu errichten.«

Wir treffen Olga, die Museumswärterin im St. Michaelskloster, dem Sitz der Orthodoxen Kirche in der Ukraine. Kulturell ist das Kloster von unschätzbarem Wert. Wie alle Museen in Kiew ist auch dieses geschlossen. Gäbe es den Krieg nicht, wäre es jetzt, im Frühjahr, ein Touristenmagnet. Olgas Nachnamen sollen wir weglassen, eigentlich dürfte nur der Chef mit Journalisten sprechen. Aber was soll's. Sie sperrt für uns auf, zeigt uns, wie man die Vitrinen abgedeckt zum Schutz vor herabfallenden Trümmern hat. Alle Exponate hier seien unwiederbringlich, sagt Olga. »Die Gemälde, die Fliesen aus der Michaelskathedrale, die Bücher aus dem 11. Jahrhundert. Im Nachbarraum lagern wertvolle Fresken des Klosters, verpackt in Folie und Glaswolle.« Sollte es zu einem Angriff kommen, hoffen sie im Museum auf das Beste. Die Mauern des Gebäudes sind immerhin 80 Zentimeter dick. Die könnten einiges aushalten, sagt Olga.

Eine andere Olga, Olga Schwez, ist ausgebildete Psychologin, war beim Militär und arbeitet inzwischen als Polizistin. Sie ist ständig unterwegs und vermittelt auf der Straße, manchmal gibt es Diskussionen zwischen Soldaten und der Bevölkerung. Manchmal liegen die Nerven blank. Doch Olga Schwez' Hauptaufgabe ist die Betreuung ihrer Kolleginnen und Kollegen, die in diesen Tagen viel Belastendes erleben. »Wir unterhalten uns abends, in unserer Freizeit. Wir waren mit emotional schwierigen Situationen konfrontiert. In Irpin, Butscha, Gostomel. Wir kamen dort an, unmittelbar nachdem die russischen Truppen das Gebiet verlassen hatten. Wir und unsere Soldaten sahen als Erste die schrecklichen Dinge. Wir haben alles selbst gespürt und mussten mit der Bevölkerung dort reden.«

An das, was sie vor wenigen Wochen erlebt hat, denke sie oft, wenn sie unterwegs ist auf den Straßen von Kiew und abends zu Hause. Dies zu verarbeiten ist schwer und gelingt vielleicht nie vollständig. Sie hat einen Traum. Einen Traum, den hier viele haben, auch wenn die Kiewer wissen, dass er unrealistisch ist. »Mein größter Traum wäre, dass es einen echten Sieg gäbe. Keinen Kompromiss nach dem Motto: Lasst uns einfach in Ruhe. Einen echten Sieg: Unsere Grenzen im Rahmen der völkerrechtlichen Grenzen. Ein wiederaufgebautes Land, glückliche Kinder und die Möglichkeit, unabhängige Entscheidungen zu treffen. Die Möglichkeit, dass jeder seine Sprache sprechen darf. Die Möglichkeit zu lernen. Dinge zu tun, die man tun will. Eben frei zu sein.«

Wir sprechen mit ihr über die Rolle der Frauen jetzt in der Ukraine, im Krieg. »Es gibt wirklich viele Frauen in der Armee«, sagt sie. Dennoch gilt selbst für sie, die so stark ist, das traditionelle Rollenbild: »Männer kämpfen und Frauen sorgen, kümmern sich und helfen. Wenn eine Frau eine Expertin in etwas ist, wie zum Beispiel als Scharfschützin, wird ihr niemand die Gelegenheit nehmen, diese Aufgabe zu erfüllen. Aber in erster Linie sind die Männer im Krieg, Frauen helfen.«

Die Maidan-Revolution war ein Aufbruch, der die traditionelle Rollenverteilung ins Wanken brachte. Jetzt dreht sich die Uhr zurück. Aber das ist wohl in jedem Krieg so. Der Grundsatz aber scheint zu sein: Männer schießen auf Männer. Und Frauen pflegen sie gesund. Damit sie wieder schießen können.

Für das ARD-Morgenmagazin und den *STANDARD* will ich eine Reportage machen über einen Ort nicht allzu weit von Kiew, der schon jetzt als Chiffre für Kriegsverbrechen steht, ähnlich wie Srebrenica in Bosnien oder My Lai in Vietnam: Butscha. Nach dem Abzug der russischen Truppen fand das ukrainische Militär hier ein Massengrab, das erste von mehreren. Über 400 Tote hat man bisher in Butscha gezählt. Nach wie vor bestreitet die russische Seite, dass es willkürliche Erschießungen, Kriegsverbrechen gegeben hat. Die Toten von Butscha seien eine Inszenierung.

Doch es gibt erdrückende Indizien. Da sind die Satellitenbilder der US-Firma Maxar Technologies. Sie zeigen Leichen auf den Straßen, vor dem Abzug der russischen Truppen. Kein Beweis für Kriegsverbrechen, es könnten auch Opfer von Kampfhandlungen sein. Doch Fotografen der Nachrichtenagentur AFP sahen 20 Leichen in Zivilkleidung, einige mit gefesselten Händen. Die BBC widerlegte Behauptungen auf prorussischen Social-Media-Accounts, wonach auf Videoaufnahmen der ukrainischen Armee nicht alle auf der Straße liegenden Körper tot seien. So habe sich ein Arm eines vermeintlich Toten bewegt. Laut BBC handelt es sich bei der angeblichen Bewegung um einen Regentropfen oder etwas Dreck auf der Windschutzscheibe eines Fahrzeugs. Zudem sei das Video verlangsamt abgespielt worden.

Zeitungen wie *Newsweek* und Investigativ-Plattformen wie *The Inside* und *Bellingcat* kamen mit immer neuen Details und Recherchen. Ganze Heerscharen von Faktenfindern analysierten jedes Video, jedes Bild, jede Aussage. Die Berichte, die Erkenntnisse aus Butscha und anderen Gebieten »werfen ernste und beunruhigende Fragen über mögliche Kriegsverbrechen, schwere Verstöße gegen das humanitäre Völkerrecht und schwerwiegende Verletzungen der internationalen Menschenrechte auf«, sagt Michelle Bachelet, die Menschenrechtskommissarin der Vereinten Nationen.

Michaela, die wir im Leichenschauhaus treffen, will den Toten aus den Massengräbern von Butscha ein Gesicht geben, einen Namen, will den Angehörigen bei der Identifizierung helfen. Michaelas Nachnamen sollen wir nicht nennen – die Angst vor einer Rückkehr der Besatzer ist immer noch da. Die frühere Journalistin ist eigentlich für die Digitalisierung der Verwaltung in Butscha zuständig und eine Beraterin des Bürgermeisters. Jetzt kümmert sie sich um die vielen Angehörigen, führt Listen. »Old style«, wie sie sagt, handschriftlich: Die Stromversorgung funktioniert nicht richtig, per Computer geht es nicht.

»Wir sprechen mit den Angehörigen, wir schauen auf den Listen nach, vielleicht finden wir eine Leiche in der Fotodatenbank der Polizei, die die Fundorte dokumentiert. Dann können die Angehörigen den Totenschein bekommen.« Jede Leiche wird in Butscha auf ihre Todesursache hin untersucht. »Die Hauptschwierigkeit ist, dass wir in Butscha über 400 Tote gefunden haben«, sagt Michaela. »Unser Leichenschauhaus ist zu klein für diese Anzahl an Toten. Wir haben nur zwei Gerichtsmediziner, die hier arbeiten. Im Normalfall untersuchen sie sieben Leichen pro Monat. Jetzt hatten sie 78 Tote pro Tag.« Mehr Gerichtsmediziner, zusätzliche Untersuchungstische? Nicht zu bekommen. Überall rund um Kiew werden nach dem Abzug der russischen Truppen Tote gefunden, überall müssen sie identifiziert und untersucht werden.

Unter den Toten aus den Massengräbern waren nicht nur Kriegsopfer, erzählt Michaela. »Es gab Menschen, die im Krankenhaus an Krankheiten gestorben waren. Die Russen erlaubten nicht, dass man sie beerdigte.« Die meisten der Toten von Butscha sind inzwischen geborgen. Doch immer wieder findet die Polizei weitere Opfer, in zerstörten Häusern, verscharrt am Straßenrand, in den Kellern der Ruinen. Immer neue schwarze Säcke werden in das Leichenschauhaus gebracht.

Jeder dieser Toten hat eine Geschichte. Eine ging Michaela besonders nahe. »Gestern sprach ich mit einem Mann über seine Frau. Geboren war sie 1988, die beiden haben drei kleine Kinder. Sie starb im Keller eines Hauses, wohl um den 20. März herum. Laut Totenschein an einem Herzinfarkt. Aber wir wissen, sie hatte kein Wasser, keine Nahrung. Sie war jung, gesund, sie starb jung. Ich kann nicht sagen, dass sie verhungert ist. Aber ich vermute es.«

Tatiana, auch ihr Nachname soll nicht genannt werden, filmen wir in ihrem Garten. Sorgfältig säubert sie ihre Pfannen und Töpfe. Ein Nudelsieb steht auf dem Gartentisch, daneben ein paar Lebensmittel. Tatianas Haus ist unversehrt geblieben, doch viele Gebäude in der Nachbarschaft sind bis auf die Grundmauern zerstört. Stockend und mit vielen Pausen beginnt Tatiana zu erzählen. »Ich habe meine Tochter verloren, sie war auf dem Heimweg, sie war mit Freunden zusammen, dann wurde sie wohl erschossen.« Wann das war? Im März, sagt sie, Tatiana weiß es nicht genau. Überhaupt weiß sie nur wenig darüber, was geschehen ist mit ihrer Tochter Anna, 36 Jahre alt. »Sie lag fünf Tage lang tot auf der Straße«, hat man ihr erzählt.

Als wir in Butscha sind, beherrschen andere Ortsnamen die Nachrichten: Cherson, Charkiw und, vor allem, Mariupol. Einmal noch kommt Butscha für kurze Zeit in die Schlagzeilen. Begleitet von Journalisten besucht UNO-Generalsekretär António Guterres den Ort. Er fordert Russland zur Zusammenarbeit mit dem Internationalen Strafgerichtshof (IStGH) bei der Untersuchung möglicher Kriegsverbrechen auf. Viel Berichterstattung gibt es nicht, Butscha ist nicht mehr interessant. Die Reporter sind weitergezogen.

Annas Tod jedoch ist ungeklärt. Wurde sie gezielt erschossen oder war sie ziviles Opfer der Kampfhandlungen? Ihre Mutter Tatiana vermutet Ersteres. Inzwischen haben sie Anna gefunden, ihre Leiche exhumiert. »Ich habe sie noch nicht gesehen, weil es noch eine Untersuchung durch die Polizei gibt. Wenn sie damit fertig sind, werden sie anrufen und sagen: Du kannst die Leiche mitnehmen. Es hat noch niemand angerufen, ich weiß nicht, wo Anna ist.«

Immer wieder meldet sie sich bei den Behörden. Wann ist Anna gestorben? Tatiana glaubt, es war um den 15. März. Da hatte sie einen Albtraum. Tatiana sagte ihrem Mann, Anna sei tot. Ihr Mann antwortete: Wie kannst du das sagen, es kann nicht sein. Einen Tag später erfuhren die beiden, dass Anna tatsächlich nicht mehr lebte. Was genau geschehen ist, wie Anna starb, irgendwann wird Tatiana es erfahren und ihre Tochter beerdigen können.

Wir fahren weiter nach Andriivka, 45 Kilometer von Kiew entfernt. Von hier aus belagerte die russische Armee Kiew. Hier verschanzte sie sich, gleich neben den Dorfbewohnern. Zunächst seien die Soldaten sehr höflich gewesen, erzählt Victor, ein Bauer, der nicht vor den Besatzern geflohen war. »Sie baten mich, sie in meinem Keller wohnen zu lassen. Was sollte ich bewaffneten Leuten antworten? Besetzen Sie den Keller! Dort gibt es auch was zu essen.« Die russischen Soldaten lehnten ab, sie hätten selbst genug Lebensmittel. Sogar ihre Militärrationen teilten sie mit den Dorfbewohnern, erzählt Victor.

Doch nach zehn Tagen schlug die Stimmung um, so Victor. »Sie fingen an, die Häuser zu durchsuchen, nahmen uns Fahrräder und Motorräder weg. Dann kamen Artilleriegeschütze. Dort drüben, sagt er, hinter dem Gemüsegarten, stand ein Panzer.« Die Kämpfe begannen, die Besatzer wurden aggressiver. Die ukrainische Armee beschoss das Dorf und eroberte es zurück.

Andriivka ist heute fast vollständig zerstört, Betongerippe stehen dort, wo früher Häuser waren. Die Mauern sind angekohlt, Stromleitungen hängen herum, überall stehen zerstörte Militärfahrzeuge und Panzerwracks. Die Kämpfe um Andriivka müssen die Hölle gewesen sein. Schließlich zogen die Besatzer ab und nahmen mit, was nicht niet- und nagelfest war. »Sie fingen an zu plündern. Besonders in den Häusern, deren Bewohner geflohen waren«, sagt Victor. »Bei einem Nachbarn haben sie sogar den Gasherd mitgenommen. Ich sagte: Wozu brauchst du den Herd?«

Nachprüfen kann man Victors Geschichte nicht. Dass es Plünderungen, dass es Kriegsverbrechen gegeben habe, dementiert die russische Militärführung. Sicher ist: Es gab zivile Opfer. 160 Tote haben sie in den Dörfern der Gegend beerdigt.

Andriivka nach dem Abzug der russischen Truppen: Die Menschen wollen zurück in die Normalität. Wollen in ihrer Heimat leben. Doch es ist kaum mehr als eine schwache Hoffnung, wenn Victor sagt: »Wir schauen, dass wir das Frühjahr überleben. Dann machen wir die Aussaat. Wir werden alles wiederaufbauen. Und vielleicht werden uns auch andere Länder dabei helfen.« Tania, seine Nachbarin, trägt mit ihrem Mann Ziegelsteine aus ihrem zerstörten Haus. »Alles wird in Ordnung kommen. Unsere Kinder, unsere Eltern sind gesund und am Leben. Wir haben hier gelebt vor dem Krieg. Das alles gehört uns. Das ist unser Heimatland.« Tania bricht das Gespräch ab, geht weg. Die Tränen in ihren Augen sollen wir nicht sehen.

Der Wiederaufbau von Andriivka wird lange dauern. Frauen aus der Umgebung kommen, sie bringen Lebensmittel. Denn die Dorfbewohner dürfen viele ihrer Gärten und Felder nicht betreten. Die russische Armee hat Hochgefährliches hinterlassen: Nicht explodierte Munition. Von überall tragen sie russische Granaten zum Abtransport an den Straßenrand. Noch gefährlicher sind Sprengfallen und vor allem Minen. Antipersonenminen sind nach der Ottawa-Konvention von 1997 international geächtet. Russland hat sich dem Verbot nie angeschlossen. »Diese Waffen unterscheiden nicht zwischen Soldaten und der Zivilbevölkerung«, sagt Steve Goose von Human Rights Watch. »Sie bleiben eine tödliche Gefahr über Jahre hinweg.« Auch in der Ukraine setzten russische Truppen diese tödlichen Zeitbomben ein. Eine ukrainische Einheit zur Kampfmittelbeseitigung soll bei Charkiw Antipersonenminen vom Typ POM-3 gefunden haben. Sie gelten als besonders gefährlich. Die Sprengkörper sind mit Bewegungssensoren ausgestattet. Nähert sich eine Person, wird die Detonation ausgelöst. Die Mine ist im Radius von 16 Metern tödlich oder ruft schwere Verletzungen hervor. Besonders perfide: Vor der Explosion springen die Minen ein Stück weit in die Höhe, die Splitter verteilen sich großflächig.

Diese Gefahr kennen die Menschen in der Ostukraine schon seit langer Zeit. Seit der Annexion der Krim durch Russland 2014 herrscht dort Krieg, über all die Jahre hinweg weitgehend unbemerkt von der Weltöffentlichkeit. Für den ARD-Weltspiegel war ich 2021, lange vor der russischen »Spezialoperation«, in der Ostukraine. Ich wohnte in Mariupol, der heute völlig zerstörten Stadt. Ob es mein damaliges Hotel am Stadtrand noch gibt? Wohl kaum.

Das Leben in Mariupol war damals ganz normal. Doch wenige Kilometer weiter, an der sogenannten Kontaktlinie zwischen den selbst ernannten Separatistenrepubliken und den ukrainischen Truppen, wurde schon damals jeden Tag geschossen. Genau dort liegt das Dorf Berdjanske. Früher mal, zu Sowjetzeiten und auch später noch, lebten die Dorfbewohner vom Tourismus. Ich traf damals Leonid, 67 Jahre alt, der mich und mein Kamerateam zu sich nach Hause einlud. »Der Strand ist so glatt, so schön«, sagte er. »Früher waren viele Leute da, mit vielen Autos. Und heute? Heute bin ich von eurem Auto überrascht!« Leonid vermietete Zimmer an Touristen, als ich ihn damals besuchte, lebte er vom Fischfang. Die kleinen Fische legt er in Salz ein, sie schmecken lecker. Etwas Gemüse baut Leonid im Garten an, seine Felder kann er nicht betreten – überall warnen rote Schilder vor Minengefahr. Leonid zeigte uns sein Haus. Das Dach war zerstört, Granatentreffer, er hat es repariert. »Es scheint, die Leute haben sich an den Krieg gewöhnt und glauben, dass er bald zu Ende ist«, schimpft er. »Aber nein! Erst gestern haben sie wieder geschossen.«

Die 69-jährige Ludmilla, Leonids Nachbarin, hatte es schwerer getroffen. »Alles war zerstört«, erzählt sie. »Das Dach, die Garage, die Fenster, die Türen. Die Möbel lagen auf der Straße, wir hatten drei direkte Treffer.« Ludmillas Mann erlitt einen schweren Herzanfall. Niemand konnte helfen, er starb. »Ich wünsche mir nur Frieden. Ich wünsche, dass die Präsidenten beider Seiten sich an den Tisch setzen und verhandeln. Damit das zu Ende geht. Damit ich nicht mehr zu Bett gehe und darüber nachdenken muss, ob ich wieder aufwache oder nicht. Ob ich beschossen werde oder nicht.«

Ein Wunsch, der nicht in Erfüllung ging. Als ich diese Zeilen schreibe, geht der sinnlose, grausame Krieg in der Ostukraine unvermindert weiter. Ob es Berdyanske überhaupt noch gibt? Schyrokyne, der Nachbarort, wurde schon in den Kämpfen ab 2014 vollständig zerstört. Hier lebten einst 1500 Menschen. Und sie lebten gut, von der Landwirtschaft und vom Tourismus. Es gab eine Schule, vier Lebensmittelgeschäfte, einen Möbelladen und sogar eine Brauerei. Bereits zu Sowjetzeiten konnte man hier in einem Feriencamp Urlaub machen. Später vermieteten die Einwohner Zimmer an die Touristen.

2021 waren wir auch in Schyrokyne. Ein weiter Sandstrand, familienfreundlich gelegen am flachen und warmen Asow-schen Meer, das durch die Straße von Kertsch mit dem Schwarzen Meer verbunden ist. »Vorsicht! Den Strand nicht betreten, Lebensgefahr!«, ruft der Offizier der ukrainischen Armee, der uns damals begleitet. Der Strand ist möglicherweise vermint – niemand weiß das genau. Auch beim Erkunden der Hotelruine müssen wir aufpassen: Nicht explodierte Granaten könnten unter den Trümmern liegen. Das Hotel, die Häuser, das ganze Dorf, alles ist fast vollständig zerstört. Wir sehen die Löcher, die Granaten in die Häuserfassaden gerissen haben. Sehen eingestürzte Dächer. Das, was von der Hotelküche übrig geblieben ist. Die verrosteten Schaukeln auf dem ehemaligen Kinderspielplatz. Wie zum Hohn hat irgendwer Cocktailgläser auf eine Mauer gestellt.

Inzwischen, über ein Jahr später, sieht es auch in Mariupol so aus wie damals schon in Schyrokyne. Wochenlang gingen die Bilder der Kämpfe um das Asowstal-Werk um die Welt. Tausende ukrainische Kämpfer, darunter viele des ultranationalen Asow-Regiments, erkennbar an Nazi-Tätowierungen, hatten sich dort verschanzt und wurden von russischen Truppen belagert. Schließlich haben sie sich ergeben. Einige Tausend Menschen, darunter auch viele Frauen, lebten über Wochen im weit verzweigten Bunkersystem des Stahlwerks.

Für Russlands Armee ist das Ende der Belagerung ein Propagandaerfolg. Russische Medien berichten über befreite

Menschen, die ihren Befreiern danken. Eine Kollegin im ARD-Studio Warschau fasst diese ›Berichterstattung‹ so zusammen: »Aus einem Kleinlaster räumen Freiwillige und Soldaten Obst und Kartoffeln. Eine Gruppe von Menschen – unter ihnen Kinder – scheint sehnsüchtig auf die frischen Lebensmittel zu warten. Es sind Aufnahmen der russischen staatlichen Nachrichtenagentur Ria Nowosti. Sie sollen zeigen, wie sich russische Besatzungstruppen um die verbliebenen Einwohner von Mariupol kümmern. ›Danke, dass wir jetzt Wasser haben. Wir hoffen, dass wir bald auch wieder Strom und Gas haben – und Frieden‹, sagt eine Anwohnerin.«

Im ukrainischen Fernsehen widerspricht Bürgermeister Wadim Boitschenko: »Die Kanalisation funktioniert nicht. Es leben noch 100 000 Menschen in der Stadt, und das ist ein Problem. Unsere Ärzte beobachten, dass das zu einem Problem werden kann, sowohl für die Umwelt als auch wegen Infektionskrankheiten.« Doch den Bürgermeister haben die russischen Besatzer längst ausgetauscht. Auf dem Chefsessel sitzt jetzt einer, der früher für eine prorussische Partei im Stadtrat war.

Was aber geschieht mit den Kämpfern des Asow-Regiments, die jetzt in russischer Gefangenschaft sind? Betrachten die Russen sie als kriegsgefangene Soldaten? Oder als Nazis und Kriegsverbrecher? Jetzt sind wieder die Frauen gefragt. In Kiew gründen die Mütter, Schwestern und Ehefrauen der Kämpfer die Organisation »Frauen aus Stahl«, in Anspielung auf das Asowstal-Werk. Sie machen Stimmung, geben eine Pressekonferenz, fordern die Freilassung der Männer.

Die Kämpfer hätten heldenhaft und auf Befehl die Stadt gegen die russischen Angriffe verteidigt. »Sie sind Helden und dürfen nicht in Vergessenheit geraten und müssen nach Hause zurückkehren«, sagt Natalija Sarizka auf der Pressekonferenz. Sie ist die Initiatorin von »Frauen aus Stahl«. Auch Kriegsgefangene hätten Rechte, sagt sie. Sie habe zu ihrem Mann seit dem 17. Mai keinen Kontakt mehr. Dabei stünden ihm zwei Telefonate pro Woche zu. »Wir stehen als Frauen zusammen. Unsere Stärke ist der Zusammenhalt.«

Doch was ist das Asow-Regiment wirklich? Gegründet wurde es 2014 als Freiwilligenbataillon mit dem Ziel, die damals schwache ukrainische Armee im Kampf gegen die prorussischen Separatisten zu unterstützen. Noch im selben Jahr wurde es als Regiment Teil der Nationalgarde des ukrainischen Innenministeriums. Zumindest damals war die Truppe rechtsextrem, in der Folge warb man auch unter deutschen Rechtsradikalen um Mitglieder, so der *SPIEGEL*. »Grund ist eine Rekrutierungsoffensive für eine ›Rückeroberung Europas‹, mit der das Regiment auch unter deutschen Neonazis um Nachwuchs wirbt. So wurden im Juli auf einem Rechtsrock-Festival im thüringischen Themar unter den Besuchern deutschsprachige Flyer verteilt, die dazu einluden, ›in die Reihen der Besten‹ einzutreten, um ›Europa vor dem Aussterben‹ zu bewahren.«

Offiziell distanzierte sich das Asow-Regiment nach der Eingliederung in die Nationalgarde von seiner rechten Vergangenheit. Ultranational aber ist es wohl geblieben. Nach russischen Angaben kamen etwa 2500 Kämpfer in Gefangenschaft. Präsident Putin hatte den Vereinten Nationen und dem Komitee vom Internationalen Roten Kreuz zugesichert, dass die Männer gemäß den internationalen Rechtsstandards behandelt würden. Sie sollen auch medizinisch versorgt werden.

»Dieses Versprechen ist die einzige Hoffnung, dass er zumindest das hält«, sagt Sandra Krotewytsch auf der Pressekonferenz der »Frauen aus Stahl« in Kiew. Ihr Bruder Bohdan Krotewytsch sei stellvertretender Kommandeur des Asow-Regiments gewesen. »Ich weiß nicht, wo er ist, wie es um seine Gesundheit steht. Ihm drohen Folter und Misshandlungen in russischer Gefangenschaft«, sagt sie einem Reporter der Deutschen Presse-Agentur in Kiew.

Zum Zeitpunkt dieser Pressekonferenz in Kiew bin ich längst schon zurück in Moskau. Ich denke an »mein« Mariupol, die Stadt, die ich ein Jahr vor der russischen Invasion besucht habe. Und an die Frauen dort.

Ludmilla Odnoroh hatte damals gerade die Hilfsorganisation Civil Move gegründet, eine Art Zivilschutz für den Kriegsfall. Sie hatte begonnen, Medikamente und Hilfsgüter zu sammeln. Vorbereitung für einen Kriegsfall, mit dem niemand im Westen ernsthaft gerechnet hatte. »Vor einem Monat warfen wir die Frage nach der Verteidigung und den Bunkern auf. Wir müssen sicher sein, dass die Bunker in der Stadt bereit sind – ob es eine Eskalation gibt oder nicht«, so Ludmilla Odnoroh damals.

Was sie mir im Interview sagte, wirkt aus heutiger Sicht prophetisch. »Die Bedrohung ist seit sieben Jahren da. Vielleicht anderswo reduziert, aber nicht in Mariupol. Auch wenn das unheimlich klingt: Heutzutage sind wir daran gewöhnt, nahe an einem Krieg zu leben. Wir verstehen, dass der Beschuss zu jeder Zeit anfangen kann.«

Ich versuche Ludmilla Odnoroh zu erreichen. Doch niemand geht ans Telefon. Hoffentlich lebt sie noch.

ZUSAMMENFASSUNG UND AUSBLICK

Der 24. Februar 2022 hat die Welt verändert. Als ich nun, fünf Monate später, dieses Buch abschließe, wird in der Ukraine noch immer mit unverminderter Gewalt gekämpft. In Deutschland und Europa dreht sich die Debatte um Appelle, Sanktionen, schwere Waffen, Geflüchtete und eine mögliche EU-Mitgliedschaft der Ukraine, die inzwischen den Status eines Beitrittskandidaten besitzt. Vielleicht gibt es bei Erscheinen dieses Buches zumindest einen Waffenstillstand, womöglich sogar Friedensverhandlungen. Derzeit jedoch ist das nicht mehr als eine vage Hoffnung.

Der Krieg hat die Politik gewandelt. Deutschland hat einen Paradigmenwechsel von historischem Ausmaß vollzogen: Es liefert Waffen in ein Kriegsgebiet. Moralisch nachvollziehbar, doch Waffenlieferungen verlängern einen Krieg, den keine Seite gewinnen kann. Einen Krieg, unter dem – vor allem – Frauen leiden. Viele Experten sehen das so.

»Ein wahrscheinlicher Ausgang ist daher, Stand heute, ein Abkommen, das einen vorübergehenden Waffenstillstand mit ›Einfrierung‹ der militärischen Lage zur Folge hat«, lese ich in einem Artikel des Osteuropaexperten André Härtel von der Stiftung für Wissenschaft und Politik. Beide Parteien würden »in einer jahrelang andauernden Atempause die Gelegenheit sehen, sich besser auf die nächste Eskalation vorzubereiten als der Gegner«. Eine wirkliche Lösung wäre das nicht. Aber die Hoffnung stirbt zuletzt.

Andere globale Krisen sind derweil fast aus der Debatte verschwunden. Aber sie schwelen natürlich weiter. Das gilt für den Klimawandel genauso wie für das Coronavirus – und nicht zuletzt für den Kampf um Menschenrechte, die auch und gerade Frauenrechte sind.

Die Situation von Frauen ist strukturell überall auf der Welt ähnlich: Sie verfügen über weniger Macht, Geld, Einfluss und Gestaltungsmöglichkeiten als Männer; in manchen Teilen der Welt sind sie rechtlos. Graduell gibt es natürlich große Unterschiede. In vielen Regionen des postsowjetischen Raums kämpfen Frauen um elementare Rechte – an manchen Orten schlicht um ihr Leben.

Wieso brechen die Frauen nicht aus? Und weshalb sind sie sogar manchmal, siehe Brautraub in Kirgistan, als Täterinnen beteiligt?

Die Erklärung ist recht simpel: Patriarchale Systeme, deren Werte und Ideale werden von allen getragen, die darin leben: Frauen wie Männern. Innerhalb dieser Traditionen wird ein Mädchen nicht als Glück betrachtet, sondern als Last für die Familie. Eine Ausbildung ist für Mädchen nicht vorgesehen, eine schnelle Heirat ist das Ziel. Von Anfang an unterliegen Mädchen und Frauen also einer Abwertung, die sie, ob sie wollen oder nicht, wiederum reproduzieren, was wiederum dazu führen kann, dass sie zu Täterinnen werden. Das entschuldigt natürlich nicht die Tat, aber macht die Handlung nachvollziehbarer.

Gleichzeitig werden sie von Kindesbeinen an in Abhängigkeiten gedrängt: erst von der Familie, dann vom Partner. Soziale Sicherungssysteme, wie sie in Deutschland üblich sind, existieren in diesen Ländern allenfalls rudimentär. Das macht es vielen Frauen unmöglich, ihre Ehemänner zu verlassen, die sie schlagen oder anderweitig misshandeln. Der Weg aus einer schlimmen Ehe würde direkt in Armut und manchmal sogar in die Prostitution führen. Ein Aufbegehren führt oft zu einem unschönen Backlash-Effekt. Da erdulden viele Frauen lieber die Gewalt ihrer Männer.

Was aber ist mit Frauen in Ländern, in denen sie durchaus Bildung und einen Job erlangen könne, auch gegen den Willen ihrer Ehemänner oder Familien?

Die sozialwissenschaftliche Theorie der Geschlechter benennt Machtmechanismen, die es überall gibt, nicht nur in der ehemaligen Sowjetunion. Sie existieren im Westen genauso, zwar graduell unterschiedlich, aber nicht weniger wirkmächtig. Die Frage ist, warum Frauen trotz theoretischer Gleichberechtigung sukzessive aus der Machtsphäre von Staat und Gesellschaft verdrängt werden.

Dass Frauen strukturell benachteiligt werden, ist ein Fakt. Es lässt sich an simplen Zahlen ablesen: Überall dort in Politik, Wirtschaft und Gesellschaft, wo es Macht und Gestaltungsmöglichkeiten gibt, sind Frauen entweder seltener oder gar nicht vertreten. Umgekehrt sitzen Männer dagegen überall an den Schaltzentren der Macht.

Frauen arbeiten häufiger als Männer in Berufen, die schlecht bezahlt werden, und in Branchen, die wenig prestigeträchtig sind. Darüber hinaus werden sie dort auch noch schlechter bezahlt als ihre männlichen Kollegen.

Last, but not least sind es Frauen, die Kinder auf die Welt bringen und dadurch in ihren Erwerbsbiografien häufig Lücken haben. Dafür auch nicht honoriert, sondern benachteiligt werden.

Um dem allen entgegenzuwirken, ist Bildung zentral. Frauen im Westen, die überproportional gut gebildet sind, haben zwar noch nicht die gleichen Berufschancen wie Männer, aber wenn, dann nutzen sie diese. Frauen in vielen postsowjetischen Ländern, gerade außerhalb der Metropolen, haben geringere oder gar keine Bildungsmöglichkeiten. Ein besserer Zugang zu Bildung ist somit eine wichtige Forderung, wenn man den Veränderungswillen der Frauen unterstützen will.

Eine einfache und geschlechtergerechte Lösung der strukturellen Benachteiligung von Frauen könnte in meinen Augen so aussehen:

Wo es Macht und Gestaltungsmöglichkeiten gibt, werden Frauen grundsätzlich bevorzugt. Quotierung genügt nicht! Männer übernehmen die schlecht bezahlten und wenig prestigeträchtigen Arbeitsmarktsegmente. Männer sind nach der Geburt für die Pflege und Erziehung der Kinder, den Haushalt und Sorgearbeit verantwortlich.

Lassen Sie diese Vorschläge mal auf sich wirken. Es klingt radikal, ist in dieser Konsequenz vielleicht auch nicht realisierbar. Doch es wäre einen Versuch wert. Nun aber zurück zu den Frauen im postsowjetischen Raum.

Was hat der Krieg für die Frauen verändert?
Wenn es in Debatten über die Ukraine um Frauen geht, dann meist um Opfer von Vergewaltigungen. Ihr Leid dient als Argument für neue Sanktionspakete und Waffenlieferungen. Zur

Sicherheitspolitik des 21. Jahrhunderts gehöre »eine feministische Sichtweise«, erklärte die grüne Außenministerin Annalena Baerbock im Deutschen Bundestag. Bei der Opposition stieß sie damit auf Widerspruch. Das geplante Sondervermögen von 100 Milliarden Euro solle ausschließlich für die Bundeswehr verwendet werden und nicht für eine »feministische Außenpolitik«, erklärte CDU-Chef Friedrich Merz.

Was ist gegen eine Außenpolitik zu sagen, die die Situation von Frauen weltweit im Blick hat? Sich für sie einsetzt? Im Koalitionsvertrag der Ampel-Regierung steht jedenfalls, man wolle »Rechte, Ressourcen und Repräsentanz von Frauen und Mädchen weltweit stärken und gesellschaftliche Diversität fördern«. Wir werden sehen, ob im Zuge der verschiedenen Ukraine-Hilfen auch die Belange von Frauen von der Ampel-Koalition eingefordert und durchgesetzt werden.

In der Ukraine ratifizierte inzwischen das überwiegend männliche Parlament die »Istanbul-Konvention zur Verhütung und Bekämpfung von Gewalt gegen Frauen und häuslicher Gewalt«. Wohl weniger aus Einsicht als unter dem Druck der Annäherung an die EU. Andere Themen, etwa Korruption und mangelnde Rechtsstaatlichkeit, bleiben weitgehend ausgeblendet. Gerade Letzteres betrifft auch Frauen. Was nutzen Gesetze, die vor Gericht nicht durchgesetzt werden können?

Irgendwann wird der Krieg vorbei sein. Was werden die Frauen dann tun? Werden sie die Forderungen, erhoben seinerzeit auf dem Maidan, erneut deutlich stellen und durchsetzen? Es wäre der Weg in eine andere, auch und gerade von Frauen geprägte Demokratie. Oder bleibt alles beim Alten, Männer haben weiterhin das Sagen?

Russland wendet sich vom Westen ab, viele Oppositionelle,

etwa die Frauen von Pussy Riot, sind emigriert. Können sie ihren Kampf vom Ausland aus weiterführen? In Russland gibt es unter den Frauen nicht nur die »Generation Datscha« und die »Generation iPhone«. Es gibt auch viele Frauen, die über das Leben und die Rolle der Frau nachdenken. Wird man diese Frauen in Zukunft noch hören? Oder wird jeder Protest erstickt werden? Wenn nein: Will man sie überhaupt hören? Oder entwickelt sich das Land in eine Art neue Sowjetunion mit dem altbekannten Frauenbild?

In Belarus wird jeglicher Widerstand, jeglicher Protest immer hartnäckiger verfolgt. Eine Frau, die lediglich Vorhänge in den Protestfarben Weiß-Rot am Fenster ihrer Wohnung hat, wird ins Gefängnis gesteckt. Jüngst wurde sogar die Todesstrafe ausgeweitet. Sie kann jetzt schon bei Vorbereitung und dem »Versuch eines Terroraktes« verhängt werden. Diesen »Versuch« definieren die Behörden, er ist quasi auf jede Widerstandsform anwendbar.

Der postsowjetische Raum ist geopolitisch ein äußerst fragiles Gebilde. In Bergkarabach droht der nächste Krieg. Aserbaidschanische und armenische Truppen beschießen sich fast täglich. Den Westen, derzeit fokussiert auf Russland und die Ukraine, interessiert das nur wenig.

Was aber habe ich persönlich mitgenommen von den Reisen durch die Länder der ehemaligen Sowjetunion? Die Beschäftigung mit diesem Thema hat mich auf zwei Ebenen verändert – als Journalist und als Mann.

Was ich als Journalist gelernt habe.
Die für mich wichtigste Erkenntnis war, dass die Situation von Frauen in einem Land ein Gradmesser dafür ist, wie es um die

Gesellschaft insgesamt bestellt ist. Was prägt den Alltag von Frauen? Wie sind sie repräsentiert? Verfügen sie über Macht im Staat und in der Wirtschaft? Werden Frauen, die ihre Rechte einfordern, gehört, oder werden sie niedergeknüppelt? Die Antworten darauf verraten viel über den Zustand eines Landes.

Journalismus hat Konjunkturen, ist auch Wettbewerb um Zeitungsspalten, Sendeplätze. Geschichten über Frauen haben es schwer. Frauenrechte in Aserbaidschan? Anderswo ist es schlimmer. Manchmal, so denke ich, spielt in den Redaktionen ein Weltbild eine Rolle, das Ex-Kanzler Gerhard Schröder seinerzeit mit dem frauenfeindlichen Wort »Gedöns« umrissen hat. Hier muss umgedacht werden.

Anmerken will ich allerdings auch, dass ich diese Themen immer wieder »untergebracht« habe. Dass sich Redakteurinnen und Redakteure dafür starkgemacht haben. Und dass diese Reportagen beim Publikum in der Regel quotenstarke Erfolge waren.

Ich habe zudem gelernt, dass Frauen oft gar nicht wissen, wie stark sie tatsächlich sind und was sie durch ihre Taten, Worte und ihren Widerstand zu bewirken imstande sind. In Belarus hat Präsident Lukaschenko die Gegenwehr von Frauen, jungen wie alten, brutal zerschlagen. Dafür allerdings hat er einen hohen Preis gezahlt. Lukaschenko wird heute nicht mehr als »Präsident des Volkes« sondern als »Präsident der Spezialpolizei« gesehen. Derartige Systeme haben zuweilen ein kurzes Verfallsdatum. Sollte Lukaschenko stürzen, ist das nicht zuletzt ein Verdienst der Frauen.

Mir ist auf meinen Reisen aber noch etwas anderes klar geworden: Wir Journalisten konzentrieren uns viel zu intensiv auf die »große« Politik in den Ländern, über die wir berichten.

Dagegen kommt in unseren Filmen und Artikeln die Situation der »einfachen« Menschen zu selten vor. Dabei sind sie es doch, die die gesellschaftliche Realität eines Landes ausmachen. Vielfach fehlen zudem tiefergehende Analysen. So ist in der deutschen Öffentlichkeit beispielsweise wenig bekannt über den Zerfall der Sowjetunion und die mehr oder minder willkürlichen Grenzziehungen der neu entstandenen Nationen. Die Ursachen für Spannungen, Konflikte und Kriege bleiben dem Publikum somit oft verborgen. Damit möchte ich mich in Zukunft intensiver befassen.

Georgien wäre in diesem Zusammenhang wichtig. Ein Teil des Landes, Südossetien, mit fast 52 000 Einwohnern, ist de facto unabhängig, wird von russischen Truppen kontrolliert. International anerkannt als »Republik« ist Südossetien nur von Russland, Nicaragua, Venezuela, Syrien und Nauru, einem pazifischen Inselstaat. Georgien, das in die EU drängt, beansprucht das Gebiet für sich. Auch hier droht Krieg. Mit Salome Zourabichvili ist eine Frau Präsidentin. Wie wird sie sich verhalten?

Was ich als Mann gelernt habe.
Die Unterdrückung von Frauen ist in vielen Teilen der Welt allgegenwärtig – auch wenn ein Mann sie nicht immer gleich wahrnimmt. Die aserbaidschanische Frauenrechtlerin Gulnara Mechtieva sagt es so: »Wenn du dich auf das Problem konzentrierst, dann siehst du es überall. Während du im Café sitzt, im Bus oder wenn du eine Politikerrede hörst. Und dann begreifst du, dass irgendjemand sagen muss: Genug ist genug. Wir machen dem ein Ende.«

Man sieht es in der Tat überall. In Aserbaidschan wie in Moskau. Und auch in Deutschland. Man muss nur hinschauen wollen. Den eigenen Blick schärfen. Wollen wir das? Was bringt es uns? Was bringt es uns für unseren Beruf, für uns als Menschen und vor allem für die Männer? Viel, davon bin ich überzeugt.

Und irgendjemand muss sagen: Genug ist genug! Und »irgendjemand« sind wir alle, Frauen wie Männer. Wir Menschen!

Moskau, im Juli 2022